本書 2 頁「図表 1-1」「図表 1-2」を次のように修正いたします。

### 図表 1-1　非連携の意味

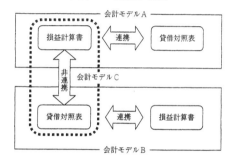

### 図表 1-2　FASB 討議資料における財務会計観の分類

（1）連携 ┌ ①資産負債中心観
　　　　　└ ②収益費用中心観

（2）非連携

# 会計観の対立と混合会計

松 本 敏 史 著

東 京 森 山 書 店 発 行

# は　し　が　き

　学部・大学院時代の恩師である内川菊義同志社大学名誉教授（故人）が論文指導の際に何度も発せられたのが，「針の穴から空を見るような研究をしなさい」という言葉だった。若いころは研究テーマを大きく設定しがちである。そうすると研究対象がどんどん広がり，すぐに手に負えなくなる。だからテーマはできるだけ小さい方がよい，ということである。またこのようにも言われた。水銀はどこまで小さく刻んでも球体を維持している。ここでいう球体とは「経済学」「経営学」そして「会計学」が発見すべき「法則」を意味している。この際，水銀がその大小にかかわらず球体を維持しているように，様々な経済事象についても，それを貫徹する一定の法則が存在するのであれば，分析対象はできるだけ小さい方がいい。その方が法則を発見しやすい，という趣旨であったように思う。

　筆者が大学院に進学した1970年代，巨額の利益留保性引当金を貸借対照表の負債の部に計上する会計実務が一般化（蔓延）していた。その法的根拠とされたのが昭和37年の商法改正で新設された287条の2の条文である。「特定」という用語で始まるこの条文は次のように規定していた。「特定ノ支出又ハ損失ニ備フル為ニ引当金ヲ貸借対照表ノ負債ノ部ニ計上スルトキハ其ノ目的ヲ貸借対照表ニ於テ明カニスルコトヲ要ス」。もちろん多額の利益留保性引当金の負債計上は会計学の立場からも容認できるものではない。そのためこの規定の解釈をめぐり，ほぼ20年にわたって会計学者や商法学者を中心に様々な議論や論争が展開された。いわゆる特定引当金問題である。

　このような状況のもとで筆者が設定した修士論文のテーマが「修繕引当金の負債性に対する一吟味」である。そこでは引当金一般を対象にするのではなく，特定引当金問題を考えるうえで要の地位を占めている「修繕引当金」に対象を絞り，そのうえで考察の主題を修繕引当金がもつ「負債性」に限定した。

これは恩師の指導によるものである。

　以後，引当金の個別項目が抱えている論点を新たな「針の穴」として考察を重ねてきたが，これらの論文を読み返してみると，その多くが収益費用中心観と資産負債中心観の対立の観点から引当金会計の個別問題を分析したものとなっている。このようなアプローチを採ったのは，異なる思考のもとに形成される会計理論や会計処理方法を比較することで，それぞれの計算構造をより闡明にできると考えたからである。また実際にも，財務会計の世界ではこの2つの思考を体現した会計モデルが形や名称を変えながら様々なレベルで対立を繰り返している。

　ではここでいう2つの会計思考の究極的な違いはいったい何なのか，そしてそれぞれのシステムが生み出す会計情報はいったい誰にとって有用なのか，これらの点が改めて問題になる。そのため，近年はこれらの論点を新たな「針の穴」として設定し，考察を重ねながら拙稿を公表してきた。本書はこれらの中から8本を選定し，『会計観の対立と混合会計』として一冊の書物に纏めたものである。

　ところで研究書を出版する場合，指導教授や先輩研究者を始めとして学恩のある人々の氏名を明記し，謝辞を述べるのが一般的である。私もこれまで恩師や研究者を中心として多くの方々から欠くことのできない学恩を受けてきた。当然そのお名前を列記することも考えたが，ここではそれぞれのご尊顔を思い浮かべながら，心の中で謝意を述べることにしたい。ただし今回の出版で多大なご迷惑をおかけした方々についてはお名前を明記させていただくことにした。

　まず，学部時代に私のゼミに所属していた草野真樹君（京都大学教授）と髙橋聡君（西南学院大学教授）には大変な負担をかけてしまった。草野君は今回の出版の実質的なプロデューサーである。出版計画の策定や論文の選定に関するアドバイス，引用文献の確認と照合，古い資料の差し替え等，私が最も苦手とする煩雑な作業を処理してもらった。そして原稿の校正を手伝ってくれたのが髙橋君である。その作業は全章にわたる用語の統一に始まり，脚注の形式や

図表のレイアウト，読者が理解しにくいと思われる表現の指摘を含むものだった。2人の強力なサポートがなければ本書が出版されることはなかったと思う。

次に森山書店の菅田直文様にお礼とお詫びを申し上げなければならない。実は30代の中頃，菅田様に将来引当金の研究書を出版してもらえるかどうか打診したことがある。そのとき菅田様には快諾していただいたが，以後出版を果たせないままになっていた。今回改めて出版をお引き受けいただいた菅田様にお礼とお詫びを申し上げます。

実は本書の出版は同志社大学商学部時代のゼミ出身者約700名で構成する同窓会組織「有閑人倶楽部（アカウントクラブ）」の支援によるものである。2023年12月27日に古稀を迎えた私を祝って企画された。この経済状況の中で多額の寄付を寄せていただいた会員の皆様に心よりお礼を申し上げます。

最後に妻の恵子にひとこと。結婚して41年になるが，この間，私の健康を気遣いながら，仕事がしやすい環境づくりに努めてくれた。この機会を借りてお礼を言いたい。本当にありがとう。そしてこれからもよろしくお願いします。

2024年新春

松　本　敏　史

# 目　　次

第1章　対立的会計観の諸相とその相互関係 ……………………… *1*

第1節　は　じ　め　に …………………………………………… *1*

第2節　2つの中心観と期間損益の計算形式 …………………… *3*

第3節　2つの中心観の実質的意義 ……………………………… *6*

　　1　収益，費用の定義に対する2つの中心観 ……………… *6*

　　2　2つの中心観における名目勘定の内容 ………………… *7*

　　3　2つの中心観における実在勘定の内容 ………………… *9*

第4節　給付費消計算と収益費用計算 ………………………… *11*


第2章　対立的会計観における費用認識の論理 ………………… *19*

第1節　は　じ　め　に ………………………………………… *19*

第2節　費用認識領域の空間的差異と時間的差異 …………… *19*

　　1　空　間　的　差　異 …………………………………… *19*

　　2　時　間　的　差　異 …………………………………… *23*

第3節　将来発生費用の認識論理 ……………………………… *24*

　　1　原因発生主義 …………………………………………… *24*

　　2　収益費用対応の原則 …………………………………… *26*

第4節　支出費用説の展開 ……………………………………… *30*

　　1　2つの収益費用計算 …………………………………… *30*

　　2　企業会計原則注解注18と支出費用説 ………………… *32*

　　3　収益費用中心観と支出費用説 ………………………… *34*

第5節　費用認識論理の相互関係 ……………………………… *37*


第3章　阪本・番場・内川引当金論争の対立構造 …………… *43*

第1節　は　じ　め　に ………………………………………… *43*

第2節　論争の展開 ……………………………………………………… 44

　1　論争の背景 …………………………………………………………… 44

　2　引当金繰入額は未発生費用か，それとも見積費用か ………… 46

　3　減価償却引当金は引当金か否か …………………………………… 48

　4　賞与引当金・退職給与引当金の性格規定 ……………………… 49

　5　修繕引当金・特別修繕引当金の性格規定 ……………………… 52

　6　未発生費用の計上と費用認識基準 ……………………………… 56

　7　引当金の貸借対照表上の性格 ……………………………………… 58

第3節　引当金会計理論のフレームワーク …………………………… 63

　1　財貨動態と貨幣動態 ………………………………………………… 63

　2　収益費用中心観と資産負債中心観 ……………………………… 68

　3　2つの中心観と引当金の処理方法 ……………………………… 71

第4節　論争の評価 ……………………………………………………… 73


第4章　債務保証損失引当金と債務保証引当金 …………………… 81

第1節　は　じ　め　に ………………………………………………… 81

第2節　債務保証損失の発生過程 …………………………………… 82

第3節　現金主義的処理 ………………………………………………… 84

第4節　発生主義による処理—債務保証損失を見積計上する場合— …… 86

　1　将来の債務保証損失を見積計上 ………………………………… 86

　2　債務保証損失を見積計上，求償権を未収金として計上 …… 88

　3　債務保証損失を見積計上，弁済義務を未払金として計上 … 89

　4　債務保証損失を見積計上，弁済義務と求償権を同時に認識 …… 90

第5節　発生主義による処理—債務保証額を見積計上する場合— …… 92

　1　IAS37号の引当金規定と債務保証取引 ………………………… 92

　2　債務保証額の見積もりと債務保証引当金の計上 …………… 94

第6節　新たな会計処理方法の提案—対照勘定の段階的取り崩し— …… 95

第7節　む　す　び ……………………………………………………… 100

第5章　収益認識プロジェクト ……………………………………… 109
　　　　―理論と慣習の相克―
第1節　は　じ　め　に ……………………………………………… 109
第2節　収益認識プロジェクトの目的と基本的スタンス …………… 110
　　1　収益認識プロジェクトの発足 ………………………………… 110
　　2　実現稼得過程アプローチの特徴 ……………………………… 111
　　3　設例による資産負債アプローチの優位性の説明 …………… 113
第3節　資産負債中心観による収益認識モデルの構築 …………… 116
　　1　資産・負債の変動と認識の対象 ……………………………… 116
　　2　収益概念の検討 ………………………………………………… 117
　　3　契約上の権利と義務 …………………………………………… 119
第4節　現在出口価格アプローチと当初取引価格アプローチ ……… 120
第5節　欧　州　の　動　向 ………………………………………… 128
　　1　EFRAG による代替案の提示 ………………………………… 128
　　2　決定的事象アプローチ ………………………………………… 129
　　3　継続アプローチ ………………………………………………… 130
　　4　4つのアプローチの特徴 ……………………………………… 130
第6節　IFRS15 号の公表 …………………………………………… 131
　　1　現在出口価格アプローチの放棄 ……………………………… 131
　　2　IFRS15 号の特徴 ……………………………………………… 134
第7節　お　わ　り　に ……………………………………………… 136

第6章　製品保証取引と収益認識 ………………………………… 145
第1節　は　じ　め　に ……………………………………………… 145
第2節　IFRS15 号の成立過程における製品保証会計の変遷 ……… 146
　　1　収益認識プロジェクトのスタート時における製品保証会計モデル ‥ 146
　　2　「討議資料」（2008 年）における履行義務の認識モデル ……… 147
　　3　「公開草案」（2010 年）における履行義務の認識モデル ……… 148

　　4　IFRS15号（2014年）と引当金方式 ································ *150*

　　5　IFRS15号の成立までに提示された処理方法と帰着点 ····· *150*

　第3節　製品保証引当金と製品保証前受金 ··························· *152*

　　1　引　当　金　方　式 ················································ *152*

　　2　前　受　金　方　式 ················································ *153*

　第4節　製品保証業務の性格規定と収益認識 ····················· *154*


第7章　2つの会計観とキャッシュフロー ····················· *161*

　　　　　—非連携モデルの構造分析—

　第1節　は　じ　め　に ················································· *161*

　第2節　固定資産除去債務会計の諸形態とその特徴 ············· *162*

　　1　原価実現会計の処理例 ············································ *163*

　　2　公正価値会計の処理例 ············································ *164*

　　3　混合会計の処理例（SFAS143号の場合） ···················· *164*

　第3節　基礎概念の整合性と情報のレリバンス ··················· *167*

　第4節　非連携モデルの展開 ········································· *170*


第8章　IFRSの情報特性と日本の選択 ······················· *177*

　第1節　は　じ　め　に ················································· *177*

　第2節　3つの個別会計基準の特徴 ································· *177*

　　1　引当金会計基準 ···················································· *178*

　　2　収益認識プロジェクト ············································ *178*

　　3　無形資産の会計基準 ··············································· *179*

　第3節　IFRSの会計モデル ············································ *179*

　第4節　混合会計の構造と情報特性 ································· *181*

　　1　混合会計の意味 ···················································· *181*

　　2　混合会計の情報特性 ··············································· *183*

　第5節　個別会計基準と稼得利益計算 ······························ *185*

第6節　むすびに代えて …………………………………………………… *186*

索　　引 ………………………………………………………………………… *191*

# 第1章　対立的会計観の諸相とその相互関係

## 第1節　は　じ　め　に

　米国の財務会計基準審議会（Financial Accounting Standards Board: FASB）は財務会計概念書の公表に先立つ 1976 年，種々の会計観ないし利益観を分析した討議資料『財務会計および財務報告のための概念フレームワークに関する諸問題の分析：財務諸表の構成要素およびその測定』を公表した。[1]

　この討議資料によると各種の会計観は連携（articulation）を前提とするものと，非連携（non-articulation）を前提とするものに分類される。ここで連携とは共通の勘定と測定値（a common set of accounts and measurements）に基づく貸借対照表と損益計算書の相互関係のことである。具体的には図表 1-1 の会計モデル A のように損益計算書における利益の計上が貸借対照表で純資産の増加となり，逆に図表 1-1 の会計モデル B のように貸借対照表上の純資産の増加が損益計算書で利益として表現される関係をいう。[2] これに対して損益計算書と貸借対照表が相互に独立した状態が非連携である[3]（図表 1-1 の会計モデル C）。非連携の会計モデルでは，利益の測定が資産および負債そしてそれらの属性の変化の測定から切り離されているため，利益の計上が貸借対照表上の純資産にある種の変化をもたらすとはかぎらない。[4]

　もっとも複式簿記を前提とするかぎり，同一の会計モデルにおける貸借対照表と損益計算書は連携する。したがって非連携とは，異なる会計モデルの貸借

図表 1-1　非連携の意味―会計モデル A ―

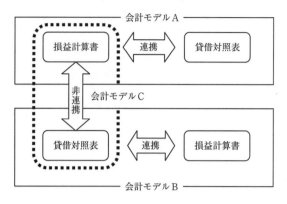

図表 1-2　FASB 討議資料における財務会計観の分類―会計モデル B ―

対照表（会計モデル B の貸借対照表）と損益計算書（会計モデル A の損益計算書）を組み合わせて成立する第 3 の会計モデル（会計モデル C）として理解できよう。

　たとえば討議資料は，売上収益と取替原価による資産の消費額の差額を利益とし，資産と負債を現在払出価格ないし正味実現可能価値によって測定する例を示している。[5]

　上記の連携，非連携の大分類に続き，討議資料は連携を前提とする財務会計観を図表 1-2 のように資産負債中心観（asset and liability view）と収益費用中心観（revenue and expense view）に分類している。[6]

　本章のテーマはここに示された「資産負債中心観」と「収益費用中心観」を

当面の準拠枠としつつ，期間損益計算上の対立的概念である「財産法」と「損益法」，財貨動態を対象とする「給付費消計算」と貨幣動態を対象とする「収益費用計算」の相互関係を整理しようと試みるものである。

　そこでまず準拠枠として設定した資産負債中心観と収益費用中心観だが，この用語は以下の2つの次元に分けて理解する必要がある。ひとつは期間損益の計算形式，いまひとつは費用収益の定義，裏返せば資産負債の定義の仕方である。前者を中心観の形式的な議論とするならば，後者は中心観の実質的な議論ということになる。次節では資産負債中心観と収益費用中心観がそれぞれ予定している期間損益の計算形式の整理から始めることにする。

## 第2節　2つの中心観と期間損益の計算形式

　討議資料は資産負債中心観について次のように述べている。「ある論者たちは，利益とは1期間における営利企業の正味資源の増分の測定値であるとみなしている[7]」。一方，収益費用中心観については次のとおりである。「かれらは，なによりもまず，利益を1期間の収益と費用の差額にもとづいて定義する[8]」。

　この説明からそれぞれの利益計算形式を抽出するならば，資産負債中心観は「期末純資産－期首純資産＝利益」の計算式で表現され，収益費用中心観は「収益－費用＝利益」の計算式によって表現される。このように整理するとき，資産負債中心観は財産法，収益費用中心観は損益法と一見同義のようである。しかしわが国で財産法というとき，それは単に2時点間の純資産の比較による利益の計算形式を意味するだけでなく，会計目的，貸借対照表の作成方法，資産負債の評価方法等を特定した1つの会計モデルを意味することがある。その場合の会計目的は企業の清算価値（債務返済能力）の計算表示であり，貸借対照表は実地棚卸法（財産目録法）によって作成される。また，資産の評価基準は売却価値であり，負債は法的債務に限定され，期間損益は期首と期末の純資産を比較して求められる。この場合，資本拠出，資本引出の記録を除いて組織的な取引記録は必要とされず，また，損益計算書の作成は予定されていない。

### 図表1-3　複式簿記の計算構造

**期首貸借対照表**（①）：期首資産＝期首負債＋期首資本

**期　中　取　引**（②）：資産の増加－資産の減少＋費用の発生
　　　　　　　　　　　　＝負債の増加－負債の減少＋資本拠出－資本引出＋収益の発生

**総勘定元帳**（③＝①＋②）：（期首資産＋資産の増加－資産の減少）＋費用の発生
　　　　　　　　　　　　＝（期首負債＋負債の増加－負債の減少）＋（期首資本＋資本拠出－
　　　　　　　　　　　　資本引出）＋収益の発生

**残高試算表**（③→④）：期末資産＋費用＝期末負債＋期末元入資本＋収益

**精　算　表**（④→⑤）：期末資産－期末負債－期末元入資本＝損益＝収益－費用

　　　　　　　　　　　　期末貸借対照表　　　　　　　損益計算書

**期末貸借対照表**（⑥）：期末資産＝期末負債＋期末元入資本＋損益

**損　益　計　算　書**（⑦）：費用＋損益＝収益

　この種の財産法を仮に静態論的財産法と称するならば，資産負債中心観はこれとは異なる。なぜなら討議資料が「かれらはおもに利益を，資産・負債の増減額にもとづいて定義するのである。正の利益要素—すなわち収益—は当該期間における資産の増加および負債の減少にもとづいて定義される。そして，負の利益要素—すなわち費用—は当該期間における資産の減少および負債の増加にもとづいて定義される[9]」と述べているように，そこには収益，費用の認識と測定が予定されているからである。

　図表1-3は複式簿記の一連の手続きを定式化したものである。この中の精算表等式に示されているように，期間損益の計算形式は大きく2つに分かれる。ひとつは，期中に発生した収益と費用の総額を比較する方式（以下，「収益費用比較法」）であり，損益計算書（⑦）の利益計算形式がこれに該当する。いまひとつは期首と期末の純資産，より正確には決算時点の純資産と元入資本を比較する方式（以下，「純資産比較法」）であり，期末貸借対照表（⑥）における利益計算形式がそれである。

　ここでこの精算表等式に「期末資産＝期首資産＋資産の増加－資産の減少」「期末負債＝期首負債＋負債の増加－負債の減少」「期末元入資本＝期首資本＋資本拠出－資本引出」の計算式を代入し，資産，負債，資本の期末有高を期中

の運動量（増減額）に還元すると次の計算式を導くことができる。[10]

期末純資産－期首純資産　　　　　　　　　　　　　　　…A

　=（資産の増加－資産の減少）－（負債の増加－負債の減少）　…A'

　=収益－費用＋資本拠出－資本引出　　　　　　　　　…R

　=損益＋資本拠出－資本引出

　純資産はその構成要素である個々の資産と負債に分解される。そして一会計期間の純資産の増減は個々の資産と負債の期中変動額が累積した結果となる（A = A'）。ここで名目勘定である収益勘定と費用勘定にもとづいた損益計算形式を損益法，実在勘定である資産勘定と負債勘定にもとづく損益計算形式を財産法と定義するならば，[11]複式簿記には次の2つの財産法が含まれていることになる。

損益＝期末純資産－期首純資産－資本拠出＋資本引出

損益＝（資産の増加－資産の減少）－（負債の増加－負債の減少）

　　　－資本拠出＋資本引出

　このうち2時点の純資産を比較する方式を「純資産比較法」，資産，負債の期中変動額を記録していく方式を「有高変動記録法」[12]と名づけるならば，資産負債中心観の会計モデルに組み込まれている財産法はこの有高変動記録法と，期末にそれを集約した純資産比較法で構成される。[13]その際，有高変動記録法だけが単独で実施されるわけではない。資産，負債の増減記録は収益，費用の発生記録と「連携」しており，資産負債中心観においても直接的な損益計算形式は「収益－費用＝利益」である。[14]一方の収益費用中心観についてもこ

図表1-4　3つの利益計算形式と2つの中心観の関係

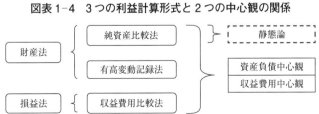

の点に変わりはない。ここでも収益費用比較法と有高変動記録法は同時進行であり、収益、費用の相手勘定は資産、負債の増減である。このように利益計算形式から見る限り、2つの中心観の間に差異はない（図表1-4）。

<h2 style="text-align:center">第3節　2つの中心観の実質的意義</h2>

### 1　収益，費用の定義に対する2つの中心観

　資産負債中心観は利益を「1期間における営利企業の正味資源の増分の測定値[15]」と定義し、収益費用中心観は「利益を1期間の収益と費用との差額にもとづいて定義する[16]」。この論述を利益計算形式として理解すれば2つの中心観に実質的な差異は生じない。この点は前節で検討したとおりである。しかし「長期にわたる強調点の相違が、利益測定に関する2つの指導的流派を生み出した[17]」と討議資料が述べているように、利益観をめぐる2つの中心観の違いは収益と費用の定義の違いとして具体化され、それが収益と費用の金額（したがって利益の金額）のみならず、資産と負債の範囲にも差異を生み出すものとなっている。その構造を整理すると次のとおりである。

　損益計算と財政状態計算の連携を前提とする複式簿記では、収益の発生は資産の増加あるいは負債の減少として記録され、費用の発生は資産の減少あるいは負債の増加として記帳される。これをいいかえれば、資本取引あるいは交換取引以外の取引、すなわち損益取引による資産の増加あるいは負債の減少は収益の発生を相手勘定とし、資産の減少あるいは負債の増加は費用の発生を相手勘定とする。

　このように、損益取引は名目勘定（収益勘定、費用勘定）と実在勘定（資産勘定、負債勘定）を相互に相手勘定としながら記帳されるが、このことは収益費用の定義や損益取引の認識レベルにおいて、実在勘定と名目勘定の関係が対等であることを意味するものではない。図表1-5は損益取引の認識とその記帳の過程を示しているが、そこには大きく分けて2つのパターンがある。

　①は資産勘定あるいは負債勘定が表現しているストックに変動が生じたと

## 図表 1-5　損益取引の認識と記帳のパターン

|  | 損益取引認識の契機 |  | 独立変数 |  | 従属変数 |
|---|---|---|---|---|---|
| ① | ストックの変動の認識 | ＝ | 実在勘定の記入 | ⇒ | 名目勘定の記入 |
| ② | フローの発生の認識 | ＝ | 名目勘定の記入 | ⇒ | 実在勘定の記入 |

き，その変動を実在勘定に記入するとともに，同額を名目勘定に記入する場合である。もちろん複式簿記では実在勘定と名目勘定の記入は同時だが，論理上はストックの変動を表現する実在勘定の記入が先行し，名目勘定の記入がこれに従属する。

これに対して，一定の基準のもとにフローの発生を認識し，それを収益あるいは費用の発生として名目勘定に記入するとともに，同額を実在勘定に記入するのが②の場合である。ここでは，論理上，名目勘定の記入が先行し，実在勘定の記入がこれに従属する。このうちストックの変動の認識を出発点とする①が資産負債中心観であり，フローの発生の認識を出発点とする②が収益費用中心観である。

## 2　2つの中心観における名目勘定の内容

資産負債中心観では実在勘定が表現しているストックの変動にもとづいて収益と費用が間接的に認識測定され，収益費用中心観では一定の基準にもとづいてフローの発生，すなわち収益と費用が直接認識測定される。その場合に問題になるのがここでいうストックあるいはフローの具体的な中身である。なぜならそれによってそれぞれの中心観の実質的な内容が規定されるからである。

この点に関する討議資料の論述を再度引用すると次のとおりである。「資産負債中心観において正の利益要素―すなわち収益―は当該期間における資産の増加および負債の減少にもとづいて定義される。そして，負の利益要素―すなわち費用―は当該期間における資産の減少および負債の増加にもとづいて定義される。資産・負債―前者は企業の経済的資源の財務的表現であり，後者は将来他の実体（個人を含む）に資源を引き渡す義務の財務的表現である―は，この中心観における鍵概念である」[18]。

*8*

　この論述に集約されているように，討議資料は資産勘定が表現すべきストックの内容を「企業の経済的資源」とし，負債勘定のそれを「将来他の実体に資源を引き渡す義務」としている。もちろんこれらの定義は絶対的なものではない。ここに別の内容を盛り込むことも当然可能である。ただし，ストックの変動にもとづいて利益を測定する資産負債中心観においては，資産勘定あるいは負債勘定が表現するストックの内容は文字どおり実在勘定としての実体を備えており，それ自体独立して認識測定の対象となりうるものでなければならない。

　たとえば水の移動を流れというように，フロー（流れ）はストック（水）の変動を意味しており，ストックが存在しないところにフローは発生しない。資産負債中心観はこの関係をそのまま表現した利益測定思考といえる。これに対して収益費用中心観は，水の変化を部分的（一時的）に無視したうえで，フローを認識する会計思考ということができよう。もともと収益費用中心観の「主たる関心事は企業の利益を測定することであって，企業の富の増減を測定することではない[19]」。その利益は「企業ないしその経営者の経常的，正常的，長期的な業績指標ないし成果指標であるということを前提[20]」としている。ところが，「経済的資源・義務の属性の測定値の変動に利益を限定するならば，しばしば収益と費用の不適切な対応が生じ，期間利益の測定を歪めることになる[21]」。これがフローの測定をストックの拘束から切り離す理由である。

　では収益費用中心観の場合，いかなる事象をフローの発生と考えるのであろうか。討議資料はこの点について次のように述べている。「収益・費用—すなわち，企業の収益稼得活動からのアウトプットと当該活動へのインプットとの財務的表現—は，この中心観における鍵概念である[22]」。

　つまり収益費用中心観では「企業の収益獲得活動からのアウトプット」の測定値から「企業の収益稼得活動へのインプット」の測定値を控除して利益を計算するが，討議資料によると，その過程は通常「収益と費用との対応プロセス[23]」として説明される。そしてその手続きは，(1) 販売価格による企業のアウトプットないし収益の測定，すなわち収益の認識ないし時点決定（以下，

「実現」）の段階と，（2）そのアウトプットを生産するために利用されたインプットの原価を当該収益から控除する段階，すなわち費用の認識（以下，「対応」）の2つの段階に分かれる。

このうち第2段階で費用を収益に関連づける具体的な方法は，（a）原因と結果の関連づけ―売上原価や販売手数料のように収益との直接的関係が明瞭な費用に適用（最も狭い意味での対応）―，（b）系統的かつ合理的な配分―減価償却費や保険料のように，収益が認識される期間と系統的に関連づけることが可能な費用に対して適用―，（c）即時的認識―ほとんどの販売費および一般管理費のように，特定可能ないかなる将来便益をももたらさない費用，あるいは他の会計年度の収益と合理的に関連づけることが不可能な費用に対して適用―の3種類に分かれる[24]。

これらの方法に示されているように，収益費用中心観における収益，費用の認識は一種のパターン認識といえよう。つまり，販売の事実，時の経過，経費支出の事実など，収益，費用を惹起する事象にもとづいて収益，費用を直接認識していく。そのため背後でたとえストックが変動していても，その事実に全面的に拘束されない。この点に資産負債中心観と収益費用中心観の基本的な違いがある。

### 3 2つの中心観における実在勘定の内容

資産負債中心観では資産と負債をそれ自体が独立して認識測定の対象となる項目（実体）に限定し，そのうえでそれらの価値の変動を収益あるいは費用の発生として記録していく。これに対して収益費用中心観では，一定のパターンにもとづいて収益あるいは費用を直接認識し，その相手勘定として資産あるいは負債の増減が記録される。

もちろん，損益計算と財政状態計算が連携しているときは，2つの会計観における「利益測定は同一の測定プロセスに属し，企業の収益・費用差額は同時に当該企業の正味資産ないし資本の増加額を構成する[25]」。つまり「収益実現ルールと費用対応ルールは，資産負債中心観のもとで資産・負債の変動の認識手

段となりうるのであり，資産・負債のある種の変動の認識は，収益費用中心観のもとで収益実現ないし収益・費用対応の手段となりうるのである[26]」。しかしながら，費用，収益の認識測定がストックの現実の変動に拘束される資産負債中心観と，その種の拘束を受けない収益費用中心観では，それぞれの貸借対照表に計上される資産と負債の内容にも当然差異が生じてくる。つまり，独自の利益観のもとに収益，費用を認識し，その記帳の相手勘定として資産と負債の変動を記帳していく収益費用中心観の貸借対照表には，資産負債中心観の貸借対照表には現れない項目，すなわち計算擬制項目が現れる[27]。

　討議資料は次のように述べている。「かかる項目はしばしば『繰延費用』および『繰延収益・引当金』と呼ばれている。……これら項目は，企業の経済的資源や，他の実体に資源を引き渡す企業の義務を表さないので，……ある支持者たちは，『資産その他』『資産および繰延項目』『資産およびその他の借方項目』といった名称を貸借対照表借方に，また同種の名称を貸借対照表貸方に，それぞれつけることを提案している[28]」。もちろん計算擬制項目の中にも経過勘定のように資産負債中心観における資産や負債の定義を満たすものがある[29]。しかしそれらの項目を除外した後の項目こそ収益費用中心観を特徴づけるものである（図表1-6）。そしてそれがストックの変動と収益費用の認識とのギャップを埋める緩衝材として収益費用中心観の損益計算に高い自由度を与えることになる[30]。

**図表1-6　2つの中心観と資産，負債の内容**

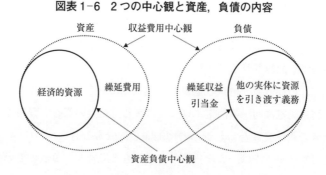

**図表 1-7　2 つの会計観と静態論的財産法**

|  | 資産負債中心観 | 収益費用中心観 | 静態論的財産法 |
|---|---|---|---|
| 会計目的 | 期間損益計算<br>財政状態計算 | 期間損益計算<br>財政状態計算 | 財産状態計算 |
| 利益計算形式 | 有高変動記録法<br>収益費用比較法 | 有高変動記録法<br>収益費用比較法 | 純資産比較法 |
| 測定対象 | ストックの変動 | フローの発生 | 期末ストック |
| 貸借対照表作成法 | 誘導法 | 誘導法 | 棚卸法 |
| 主要な計算書 | 貸借対照表<br>損益計算書 | 損益計算書<br>貸借対照表 | 貸借対照表<br>（財産目録） |

　ここで改めて 2 つの中心観の計算構造の特徴を静態論的財産法と対比しながら示すと図表 1-7 のとおりである。

## 第 4 節　給付費消計算と収益費用計算

　これまで財産法，損益法，資産負債中心観，収益費用中心観の相互関係を整理してきたが，類似の対立概念に給付費消計算と収益費用計算がある。岩田巌は『利潤計算原理』の中で損益法を構成する会計思考の対立を財貨動態と貨幣動態の視点から分析し，次のように述べている。

　「通常会計学では，損益法の計算における利潤の積極要素のことを収益とか[31]利益といい，その消極要素の方は費用とか損失とか損費などとよんでいる。だから損益法の計算方式を収益－費用＝利潤という数式で書きあらわすのが普通である。ところがこれに対して積極要素を給付とよび，消極要素を費消ということもある。独逸の経営経済的立場における会計学などがそうである。この場合には損益法の計算は，給付－費消＝利潤という数式で表現されることになるであろう。……だから損益法には収益費用計算と給付費消計算の二種があるということになる。この両者はよく同じものとして取扱われることがあるが，本来は性質を異にするものであつて，厳密には，はつきり区別されなければなら

12

ない[32]」。「企業を中心として生産手段と支払手段の関係をながめてみると，この両者はちょうど正反対の方向に向つて流れているといつてよい。……収入は貨幣の流入であり支出は貨幣の流出である。これに対して……費消というのは流入した財貨が企業において給付のために消費され犠牲に供せられることをいうのであり，給付とは財貨の費消によつて新らたなる財貨を生産し販売することをさすのである。……収益は給付の対価たる収入であり，費用とは財産の費消された部分に対する支出である。すなわち収益も費用もそれぞれ収入であり支出ではあるが，特定の性質をもつた収入支出なのである。かくて収入支出が貨幣動態の概念であり，給付費消が財貨動態の概念であるに対して，収益費用は財貨動態が貨幣動態に投影して成立した概念とでもいうべきであろうか[33]」。

この論述を敷衍すると次のようになるであろう。図表1-8のように，企業には財・サービスの流れと，これと逆方向の貨幣の流れがある。このうち利益の源泉となるのは財・サービスの流れである。そこで主要な認識の対象として「財貨の価値の流れを追求する[34]」のが給付費消計算であり，それは「物量計算に基礎をおく利潤計算[35]」となる。

ただし，利益の源泉は財・サービスの動きにあるとしても，給付は収益的収入をもたらし，財・サービスの費消は費用性支出に帰着する。したがって利益は給付と費消の差額として計算できるだけでなく，「報酬たる収入と費消の対価たる支出との比較によって，これを算定することが可能である。収益－費用＝利潤の数式による損益法の計算は，この事実を基礎とした利潤計算であ

**図表1-8　財貨動態と貨幣動態**

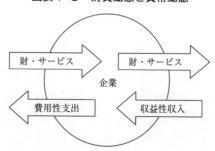

る[36]」。もちろんその場合にも収益性収入と費用性支出の差額がそのまま利益として計上されるわけではない。たとえば前受金を受領したまま決算日を迎えた場合，その収入はその期の給付を反映せず，また材料の一部が未使用のまま次年度に繰り越されるならば，その購入に要した支出部分は材料の費消を反映しない。そこで貨幣動態を主たる認識の対象としつつも収益性収入が給付を反映し，費用性支出が費消を反映するように収支の期間帰属を調整するのが収益費用計算である。その結果，「収入支出が貨幣動態の概念であり，給付費消が財貨動態の概念であるのに対して，収益費用は財貨動態が貨幣動態に投影して成立した概念[37]」ということになる。

　ここで改めて問題になるのが2つの中心観と2つの損益法，そして財貨動態と貨幣動態の関係である。ここで給付費消計算と資産，負債の関係についてみた場合，利益のプラス要素である給付（新たな価値の生産と販売）は売上債権などの資産を増加させ，前受金などの負債を減少させる。一方，生産過程における棚卸資産，機械，設備，建物などの財の費消は当該資産を減少（減価）させ，買掛金や未払金を増加させる。また従業員の勤労，土地の賃借，電力の購入などのサービスの費消は未払費用などの負債を増加させる。つまり，財貨動態を対象とする給付費消計算は資産，負債の増減と連動しており，その点で給付費消計算は資産負債中心観と親和性が高いといえよう。反対に，貨幣動態を主要な認識の対象とし，期間帰属を調整した収支の差額を一会計期間の利益とする収益費用計算は，フローに基礎を置いた利益の計算形式において収益費用中心観と親和性が高そうである。

　ところで，給付費消計算が財貨動態を忠実に描写するかぎり，あるいは収益費用計算において収支の配分計算が財貨動態を忠実に反映しているかぎり，計算擬制項目は現れない。ではいかなる場合に計算擬制項目が生じるのか。結論からいえば，期間損益計算目的により，収益と費用の認識をストックの変動から切り離す場合である。具体的には収益費用計算において，財・サービスをすでに消費していながらその取得に要した費用性支出を将来の会計期間に費用として配分する場合（繰延資産を計上する場合），逆に，将来の財・サービスの消

費に起因する費用性支出を見積り，それを当期以前の費用として配分する場合（引当金を計上する場合）がそれである。

　本章ではストックの変動にもとづいて収益費用を認識する資産負債中心観と，フローの直接的認識にもとづいて収益費用を認識する収益費用中心観を準拠枠にしながら，期間損益計算上の諸概念を整理してきた。次章では２つの中心観の基本的な差異ともいえる計算擬制項目，具体的には引当金を取り上げ，期間損益計算上の諸原則の意味を考察していく。

1　FASB, Discussion Memorandum, *An Analysis of Issues Related to Conceptual Framework for Financial Accounting and Reporting: Elements of Financial Statements and Their Measurement*, 1976.（津守常弘監訳『FASB 財務会計の概念フレームワーク』中央経済社，1997 年。）

2　*Ibid.*, para. 72, 同書，69 頁。以下，訳書についても該当ページを示していくが，要約の必要上，訳文を変更している場合がある。

3　*Ibid.*, para. 31, 同書，52 頁。

4　*Ibid.*, para. 72, 同書，69 頁。

5　*Ibid.*, para. 74, 同書，70 頁。

6　revenue and expense view と asset and liability view には，収益費用アプローチ，収益費用利益観，収益費用中心観，資産負債アプローチ，資産負債利益観，資産負債中心観などの様々な訳語が充てられている。本書では上記の訳語として「収益費用中心観」「資産負債中心観」を用いることとする。なお，訳語や概念については，藤井秀樹「会計観の選択と概念フレームワークの構築―FASB 1976 年討議資料における２つの会計観について―」『京都大学経済学会・経済論叢』第 150 巻第 1 号，1992 年，114-135 頁，高須教夫「FASB 概念フレームワークにおける利益観―資産負債アプローチと収益費用アプローチ―」『會計』第 145 巻第 1 号，1994 年，42-56 頁，佐藤信彦「FASB による収益費用利益観・資産負債利益観と損益法・財産法」『日本大学経済学部創設九十周年記念論文集　経済集志』第 64 巻第 4 号，1995 年，141-148 頁を参照されたい。

7　FASB, *op.cit.*, para. 34, 津守常弘監訳，前掲書，53-54 頁。

8　*Ibid.*, para. 38, 同書，55 頁。

9　*Ibid.*, para. 34, 同書，53-54 頁。

10　途中のプロセスを示すと次のとおりである。

　　期末資産－期末負債－期末元入資本＝（期首資産＋資産の増加－資産の減少）－（期首

　　負債＋負債の増加－負債の減少）－期末元入資本＝収益－費用＝損益

　　期末純資産－期末元入資本＝期首純資産＋（資産の増加－資産の減少）－（負債の増加
　　－負債の減少）－期末元入資本＝収益－費用＝損益

　　期末純資産－期首純資産＝（資産の増加－資産の減少）－（負債の増加－負債の減少）
　　＝収益－費用＋期末元入資本－期首純資産＝損益＋期末元入資本－期首純資産

　　期末純資産－期首純資産＝（資産の増加－資産の減少）－（負債の増加－負債の減少）
　　＝収益－費用＋資本拠出－資本引出＝損益＋資本拠出－資本引出

11　武田隆二は財産法を「形態的類型」として，

　　1　単純な備忘記録を前提とする財産法

　　2　単式簿記を前提とする財産法

　　3　組織的単式簿記を前提とする財産法

　　4　複式簿記を前提とする財産法

に分類し（武田隆二「財産法の類概念と種概念」『會計』第84巻第6号，1963年，107頁），財産法について次のように説明している。「損益法も財産法も同一の取引事象の他面的表現としての利益計算方式であり，損益法（収益・費用計算）は抽象的収支計算の方式として，また財産法（貸借対照表計算）は具体的収支計算の方式として現れる」。「財産法とは具体的財貨変動に基づき，あるいは財貨変動の結果から，利益を算定する間接的利益決定の方式である」（武田隆二「原初的財産法から近代的財産法へ」『會計』第85巻第1号，1964年，120頁）。

　　損益法についても財産法と同様に利益の計算形式を意味するだけでなく，会計目的，財務諸表の作成方法も含めた1つの会計モデルを意味する場合がある。その場合の損益法は動態論とほぼ同義であり，企業の収益力の計算表示を会計目的とする。複式簿記によって取引を継続記録し，収益と費用の記録から損益を計算する（収益費用比較法）とともに，資産，負債，資本の記録から貸借対照表を作成する（誘導法）。その資産，負債の評価基準は取得原価である。本章では混乱を避けるために，「財産法」「損益法」という用語は利益計算形式だけを意味するものとし，そこに特定の会計目的や資産，負債の評価方法を含めない。

12　複式簿記の利益計算方法を説明した水槽のアナロジーでいえば次のようになろう。まず，水槽（企業）の上部にメータが付いた蛇口があり，水（資産）が流れ込んでいる。水槽の底にもメータがついた蛇口があり，水が流れ出ている。水の流入量が流出量よりも多ければ水槽の水は増えていく。その増加分を利益とするとき，その測定には2つの方法ある。ひとつは，ある時点の水槽の水の量（期首資本）と一定期間が経過した後の水の量（期末資本）を比較する方法であり，いまひとつは蛇口のメータが示している流入量（収益）から流出量（費用）を控除する方法である。水の蒸発等がなければ両者の値は一致する。このうち，2時点の水量を比較する方法が純資産比較法であり，2つのメータの数値を比較する方法が収益費用比較法ということになる。では有高変動記録法

はどのように説明されるであろうか。結論をいえば，水槽内部に付けられたゲージ等によって，水量の変化を逐一計測し，記録していく方法ということになろう。

13　田中茂次は財産法と損益法について独自の見解を示して次のように述べている。「私見によれば，誘導法による貸借対照表での損益計算は，次に示す式（c）によるものと考えなければならない。そしてこの式も式（b）と同じく損益法のカテゴリーに含める。……

　　財産法
　　（a）　期末資本−（期首資本＋資本増加−資本減少）＝期末資本−期末元入資本＝利益
　　（b）　収益−費用＝利益
　　（c）　期首資産＋資産増加−資産減少−（期首負債＋負債増加−負債減少）−（期首資本＋資本増加−資本減少）＝利益」（田中茂次「財産法と損益法」『會計』第 124 巻第 6 号，1983 年，48 頁）。

　　このように田中は本章でいう有高変動記録法を損益法に含めているが，その理由は次の論述に見出すことができる。「複式簿記においては，表と裏の計算は二重に行なわれる。ひとつは，有高変動計算と費用収益差額計算との間に存在し，もうひとつは，有高変動計算の内部構造をなす 2 つの差額計算つまり運動差額計算と有高差額計算との間に存在する。……前者の場合，その表と裏との間の関係は，費用収益勘定が直接には実在勘定における変動を複写的に写像することに基づくもので，われわれのいう複式性をその構造的な根拠とする。すなわち，資産増加や負債減少は収益として，また資産減少や負債増加を費用として認識する。結局のところ，費用収益差額計算は，直接には，実在勘定における運動差額計算の代替的表現なのである」（同論文，56 頁。なお，引用にあたって文中の図表を示す記号やルビ等を省いている）。

14　「一般に，損益法における貸借対照表作成方法を誘導法とし，財産法における貸借対照表作成方法を棚卸法と考えているけれども，資産負債利益観と収益費用利益観（本書でいう資産負債中心観，収益費用中心観と同義―引用者―）ともに連係（連携と同義―引用者―），すなわち複式簿記を前提とし，さらに，複式簿記による会計帳簿に基づいて貸借対照表（を）作成するのである。それゆえ，どちらとも誘導法を考えている。」「収益費用利益観においても，収益と費用に制約された形であるが純資産の変化分としての利益は計算され，資産負債利益観においても，資産と負債に制約された形ではあるが収益から費用を差し引くことで利益計算は行われるのである」（佐藤信彦「FASB による収益費用利益観・資産負債利益観と損益法・財産法」『損益法および財産法概念の現代的意義』1994 年，15 頁）。本報告書は日本簿記学会研究部会報告（1993 年，1994 年）であり，静態論，動態論との関連も含めて財産法と損益法の包括的な研究が行われている。佐藤はこの報告書の中で 2 つの中心観と従来の損益法・財産法との異同点を簡潔にまとめている。より詳しくは佐藤信彦，前掲論文（1995 年）を参照されたい。

15　FASB, *op.cit.*, para. 34, 津守常弘監訳，前掲書，53 頁。

16　*Ibid.,* para. 38, 同書，5 頁。

17　*Ibid.,* para. 31, 同書，52 頁。

18　*Ibid.,* para. 34, 同書，53 頁。

19　*Ibid.,* para. 41, 同書，56 頁。

20　*Ibid.,* para. 62, 同書，66 頁。

21　*Ibid.,* para. 56, 同書，63 頁。

22　*Ibid.,* para. 38, 同書，55 頁。

23　*Ibid.,* para. 39, 同書，55 頁。

24　*Ibid.,* para. 40, 同書，55-56 頁。

25　*Ibid.,* para. 31, 同書，52 頁。

26　*Ibid.,* para. 46, 同書，58 頁。

27　「収益・費用が支配的概念となるので，資産・負債の測定は，一般に，利益測定プロセスの必要性によって規定される。したがって，収益費用中心観にもとづく貸借対照表には，企業の経済的資源を表さない項目，あるいは他の実体に資源を引き渡す義務を表さない項目が，資産・負債またはその他の構成要素として記載されることがある」（*Ibid.,* para. 42, 同書，56 頁）。

28　*Ibid.,* para. 51, 同書，60-61 頁。

29　*Ibid.,* para. 52, 同書，61 頁。

30　この点に関して討議資料に興味深い論述がある。「収益費用中心観の支持者たちは，経済的資源・義務の属性の測定値の変動に利益を限定するならば，しばしば収益と費用の不適切な対応が生じ，期間利益の測定を歪めることになると主張する。資産負債中心観の支持者たちは，経済的資源およびその引き渡し義務の変動によってのみ利益を厳密に定義づけることが可能なのであるから，期間利益の測定においてその他の収益・費用の算入を容認することは，利益測定を，期間利益の歪曲とは何かという問題に関する個人的判断にゆだねるものであると主張する」（*Ibid.,* para. 56, 同書，63 頁）。「資産負債中心観の支持者たちは，会計測定値を，財務会計の報告事実として想定される経済的事物および事象にしっかりと基礎づけるべきであると主張する。それは，企業の経済的資源ならびに将来他の実体に経済的資源を引き渡す企業の責務にもとづいて資産・負債を定義づけ，またかかる資産・負債の変動にもとづいて利益を定義づけることによってしか達成されえない。経済活動は不確実性をともない，また経済的成果はしばしば変動するがゆえに，ときとして利益額の変動が生じるが，かかる変動を報告することが必要であると，かれらは主張する。かれらは，収益費用中心観が，報告主体である企業の基本的な経済的資源・責務の変動を反映しない利益をしばしばもたらし，また，利益の実際の変動を平均化することによって，報告利益の人為的平準化をしばしばもたらしていると主張する」（*Ibid.,* para. 58, 同書，63-64 頁）。

31　岩田の場合，財産法は 2 時点の純資産を比較する純資産比較法のことであり，損益法

と一体となって機能している有高変動記録法のことではない。有高変動記録法は岩田の二分法に従えば損益法に含まれるものと思われる。つまり利益計算形式から見るとき資産負債中心観と収益費用中心観はここでいう損益法のカテゴリーに含まれる。

32　岩田巌『利潤計算原理』同文舘，1983年（第16版），131-132頁。

33　同書，132-133頁。

34　同書，133頁。

35　同書，133頁。

36　同書，135頁。

37　同書，133頁。

# 第2章　対立的会計観における費用認識の論理

## 第1節　は　じ　め　に

　期間損益計算思考が異なれば費用の認識論理が異なる。費用の認識論理が異
なれば対象となる費用の範囲も異なる。これまでわが国で繰り返されてきた引
当金論争も，突き詰めればこの費用の認識対象ないしその範囲をめぐる争いに
ほかならない。本章は資産負債中心観と収益費用中心観，給付費消計算と収
益費用計算という対立的な期間損益計算思考をモチーフにしつつ，それぞれの
計算思考のもとで形成される費用の認識論理，そしてその相互関係を整理しよ
うと試みるものである。それによって錯綜した偶発事象会計（引当金会計）を
理解するための準拠枠を得ることができると考える。

## 第2節　費用認識領域の空間的差異と時間的差異

### 1　空　間　的　差　異

　種々の期間損益計算思考の間に生じる費用の認識対象の違いは，概念上，
「空間的差異」と「時間的差異」に分けることができる。前者の空間的差異は
決算時点で費用として認識される取引範囲の違いを意味しており，具体的には
給付費消計算と収益費用計算，あるいは資産負債中心観と収益費用中心観の認
識対象の違いとして現れる。

　そこでまず給付費消計算と収益費用計算の関係である。財貨動態を計算対象とする給付費消計算では財・サービスの消費そのものを費用として認識していくのに対して，貨幣動態を計算対象とする収益費用計算では財・サービスの消費に基づいて関連の費用性支出を各期に配分していく。

　このように給付費消計算と収益費用計算ではその計算思考が根本的に異なるが，いずれにおいても費用の認識は財・サービスの消費を指標としており，その点で両者の間に差異はない。したがって両者がともに財・サービスの消費事実に基づいて費用を認識する限り，両者の費用認識の範囲は等しくなる。

　ところで企業の業績指標である稼得利益の測定を主要な目的としながら，その活動によって企業に流入する価値を「収益」，流出（消滅）する価値を「費用」とし，両者の差額を利益とするフロー・ベースの会計観を収益費用中心観という。これに対して「企業が保有する経済的資源」「将来他の実体に資源を引き渡す義務」などのストック概念によって「資産」と「負債」を定義し，それらのストックの変動に基づいて費用を認識していく期間損益計算思考の総称が資産負債中心観である（ただし，ここでは市場価格の変動に起因するストックの価値の変動は含んでいない）。図表2-1は後者の資産負債中心観のもとで認識される費用取引を分類整理しているが，それらは財・サービスの生産的消費に起因する部分と，それ以外の部分に大別することができる。

　まず，財・サービスの生産的消費だが，給付（企業が製造した製品やサービス）の生産のために棚卸資産を消費し，機械，設備，建物などの生産設備を使

### 図表2-1　資産負債中心観における費用取引の分類

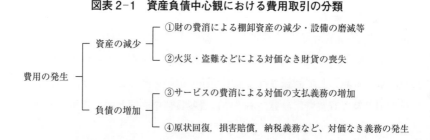

用すれば，当該資産が減少（減価）する（図表2-1①）。また，労働用役や電力などを消費すれば，対価の支払義務である未払費用や未払金が増加する（同③）。このように財・サービスの消費は，資産の減少あるいは負債の増加として具体化する。この変動に着目して費用を認識するのが資産負債中心観の会計モデルであり，給付費消計算はその一形態と言える。

ただし資産は財の生産的消費によってのみ減少するわけではない。火災や盗難などによっても減少する（同②）。また負債についても財・サービスの購入によってのみ増加するわけではない。納税義務の発生，汚染土壌の原状回復命令や損害賠償命令などによっても負債は増加する（同④）。このうち火災や盗難などによる財貨の消失（同②）は資産負債中心観，収益費用中心観のいずれの会計モデルにおいても費用（損失）の発生として認識される。しかし汚染土壌の原状回復命令，損害賠償命令などによって生じる義務については，資産負債中心観と収益費用中心観で処理方法が異なる場合がある。そしてそれが費用の認識領域に「空間的差異」を生み出すことになる。

図表2-2は，企業から資源を一方的に流出させる対価なき義務を分類したものである。このうち，納税義務や罰金，損害賠償金などの支払義務（C1）の発生については，後日貨幣が流出するだけで財・サービスの消費を伴わない。したがって貨幣動態（企業の貨幣性資産の動き）には変化が生じるが財貨動態（企業の財・サービスの動き）とは無関係である。

一方，汚染土壌の原状回復義務など（C2）については，最初に義務が発生し，その義務を履行するために財・サービスが消費され，後日，その対価の支払いによって貨幣が流出する。もちろん他の実体に作業を委託すれば，支払い

**図表2-2　対価なき義務の発生と財・サービスの消費**

［C1：罰金・税金などの支払義務］
　　　義務の発生 ⇒ 支出
［C2：原状回復義務など］
　　　義務の発生 ⇒ 財・サービスの消費⇒ 支出
　　　義務の発生 ⇒ 支出

が生じるだけで財・サービスの消費はない。その場合には罰金や損害賠償金の支払いと同様の義務になる。

　このように企業から資源を一方的に流出させる対価なき義務については，資産負債中心観の会計モデルの場合，義務をその発生時点で認識し，これを「費用の発生－負債の増加」の取引として処理することになる。国際会計基準委員会（International Accounting Standards Committee: IASC）が1998年に公表した国際会計基準（International Accounting Standard: IAS）37号『引当金，偶発債務及び偶発資産』はまさにこの種の義務の処理方法を示したものであり（図表2-3），財・サービスの消費に基づいて費用を認識する給付費消計算では捕捉できない費用の認識領域を計算対象とする。

　ここで，それぞれの計算思考における費用認識基準を確認しておこう。まず資産負債中心観の会計モデルの場合，費用の認識は資産勘定，負債勘定が表現しているストックの変動の認識と同義である。したがってそこでの費用認識基準はストックの変動が「発生」した時点で費用を認識するという意味で「発生主義」となる。もっとも資産負債中心観ではこの点は自明であり，問題はむしろ「企業の経済的資源」「将来他の実体に資源を引き渡す義務」など，資産，負債として表現されるストックの定義にあるといわなければならない。なぜならそれによって費用の範囲が定まるからである。

　一方，給付費消計算や後述する限定的な収益費用計算では財・サービスの消費事実に基づいて費用を認識する。したがってそこでの費用認識基準は，

**図表2-3　資産負債中心観と給付費消計算**

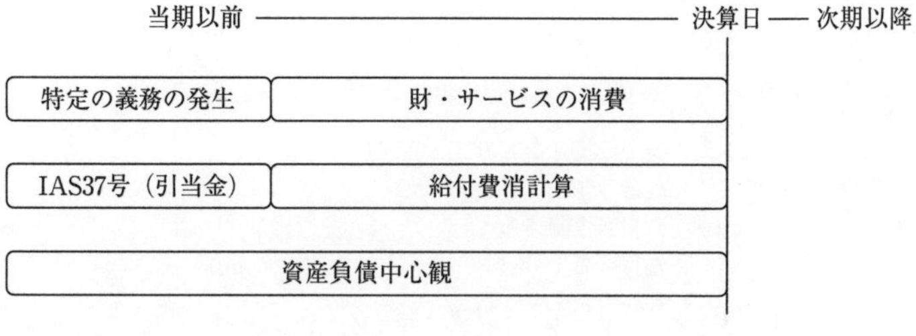

財・サービスの消費の事実が「発生」した時点で費用を計上するという意味で「発生主義」，あるいは「消費主義」(「消費基準」[4])となる。

### 2　時 間 的 差 異

　費用の認識領域に関する時間的差異は，①費用の計上時点（決算時点）と②当該取引を構成するストックの変動時点との乖離（タイムラグ）によって生じ，その大きさはそれぞれの計算思考のもとで許容される①と②の乖離幅によって決まる。

　ところでこの乖離が生じる場面はふたつある。ひとつは費用の計上がストックの変動に遅延する場合，いまひとつは費用の計上がストックの変動に先行する場合である。ここではストックの変動に先行して費用を計上する後者の場合を考察の対象にするが，その際に問題となるのが費用の相手勘定と将来発生費用を遡って認識する根拠である。時間的差異はまさにこの将来発生費用の認識基準の違いを反映することになる。

　そこでまず費用の相手勘定である。前節で述べたように，財・サービスの消費事実に基づいて費用を認識するとき（すなわち給付費消計算や限定的な収益費用計算のもとで費用を認識するとき），その費用はストックの変動によって裏付けられる。したがってこの種の費用（発生費用）を計上するときには当該取引の実体を構成するストックの変動に着目し，その変動を表現する財産項目の増

#### 図表 2-4　収益費用中心観と収益費用計算

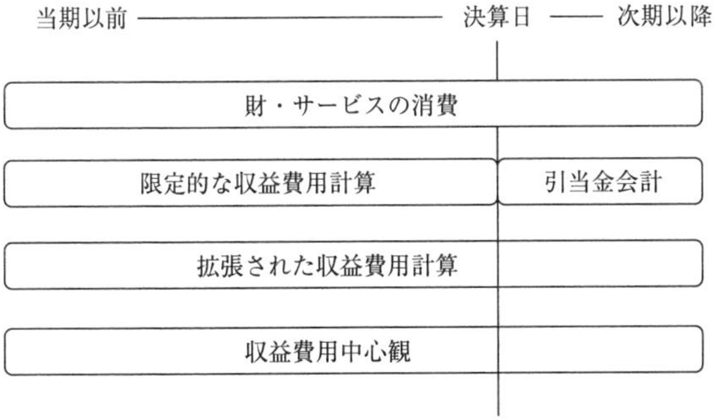

減（各種資産項目の減少や，未払金，未払費用の増加）を相手勘定にすればよい。

　ところが財・サービスの消費に先行して費用を計上する場合には（拡張された収益費用計算のもとで将来の財・サービスの消費を当期の費用として計上する場合には）ストックがまだ変動していないため，費用の相手勘定が存在しない。そこでこの種の費用（未発生費用）を計上する場合の相手勘定となるのが計算擬制項目，すなわち引当金である[5]（図表2-4）。

　このように引当金を相手勘定とすることで，費用の認識対象は将来の財・サービスの消費に向けて自由に拡張できることになる。しかしそれはあくまでも簿記上のことであり，会計上はなぜ将来の財・サービスの消費を当期の費用として計上できるのか，すなわち将来発生費用を当期に計上する根拠（引当金の設定論拠）を説明しなければならない。なぜなら収益費用中心観においても原則的な費用認識基準は発生主義であり，将来発生費用の計上はこの原則を否定することになるからである。そこで次節では，いかなる論理のもとに将来発生費用が計上されるのか，この問題を考察していくことにする。

## 第3節　将来発生費用の認識論理

### 1　原因発生主義

　財貨動態を計算対象とする給付費消計算では，財・サービスの消費が費用の実体を構成する。したがって給付費消計算では，財・サービスの消費事実に基づいて費用を認識することが費用の発生を忠実に描写することになる。このように給付費消計算においては財・サービスの消費が特段の意義をもっており，したがってその事実を欠いた費用の認識は給付費消計算の論理から自然に出てくるものではない。そこでは発生主義を原則的な費用認識基準としながら，将来の財・サービスの消費を予測し，それを当期の費用として計上するための論拠が必要となる。その論拠とされているのが原因発生主義（費用原因発生主義），あるいは費用収益対応の原則（収益費用対応の原則）である。

　まず前者の原因発生主義についてみた場合，ここでいう原因とは費用の発生

図表 2-5　発生主義と原因発生主義

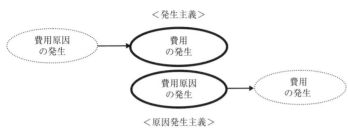

太線の ⬤ は費用の認識時点を表している。

原因，すなわち費用を誘発する事象のことであり，この原因が発生した時点で
費用を認識するのが原因発生主義である。いうまでもなく原因の発生は費用の
発生に先行する。したがって当期に費用原因が発生すれば，次期以降に発生す
る費用（財・サービスの消費）も当期の費用として認識計上できることになる
（図表2-5）。

　ところがこの原因発生主義については次のような論理上の問題が指摘されて
いる。まず，将来発生費用の認識根拠となる「原因」の内容が多義的であり，
その内容を特定することが困難な点である[6]。たとえば以下の一連の事象が生
じたとしよう。

　　×1年度…×3年度に開催予定の博覧会への出展を取締役会で決議
　　×2年度…出展計画を記者会見などで公表
　　×3年度…出展の準備を開始し，年度内に出展を完了
　　×4年度…関連の支払いを一括して終了

　この場合，発生主義による費用の認識時点は出展作業を行った×3年度にな
る。なぜならこの出展作業を通じて財・サービスが消費されるからである。と
ころがこの費用の原因というとき，そこには少なくとも2つの事象が考えられ
る。ひとつは×1年度の取締役会の決議，もうひとつは×2年度の出展計画の
公表による社会的責任の発生である。しかし，いずれを費用原因として特定す

べきか，それを判断するための客観的な基準が存在しているわけではない。この点が財・サービスの消費という客観的な事実に基づいて費用を認識する発生主義と決定的に異なる点である。いうまでもなく取締役会の決議を原因とみなすならば費用は×1年度に計上され，出展計画の社会的公表を原因とみなすならば費用は×2年度に計上される。さらにいえば両者をともに原因とみなし，費用を両年度にわたって按分する処理も考えられないわけではない。

次に，原因発生主義と発生主義の間に生じる論理上の矛盾である。原因発生主義は発生主義と同じく費用認識基準のひとつである。そのため，両者は同一の期間損益計算体系のなかで両立するものではない。いずれか一方が統一的に適用されるべきものである。ところが原因発生主義はすべての費用項目に適用されるのではなく，特定の費用項目を見越計上する場合にのみ適用されている。その結果，損益計算書には発生費用と未発生費用という異質の費用が並記されることになる（いわゆるダブル・スタンダード状態）。そしてさらに次の疑問が生じてくる。ひとつは発生主義を原則的な費用認識基準としつつ，特定の費目に対してのみ原因発生主義を適用する論拠であり，いまひとつは原因発生主義を適用する費目の選択基準である。しかしこれらの疑問に対する答えは寡聞にして知らない。

## 2 収益費用対応の原則

発生主義を部分的に修正することで将来発生費用の当期計上を根拠づける原因発生主義に対し，収益と費用の因果関係に基づいて将来発生費用の当期計上を説明するのが費用収益対応の原則（以下，「対応原則」）である。

ところで，ペイトン・リトルトンは『会社会計基準序説』の中で「費用と収益の対応（Matching Cost and Revenue）」について次のように述べている。「原価に関する会計には三つの段階が存する。第一に原価を発生に応じ，正当な分類にもとづいて，確かめ記録する段階，第二に原価を営業活動によって跡づけ再分類する段階，第三に原価を収益に配分する段階である。期間利益測定の観点より見るときは第三の段階が決定的に重要である。……ある特定期間の収益

図表2-6　費用収益対応の原則の原初的意義

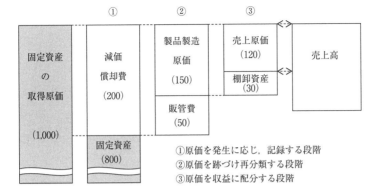

①原価を発生に応じ，記録する段階
②原価を跡づけ再分類する段階
③原価を収益に配分する段階

には，このような収益によって代表される製品と合理的な関連を有する費用を賦課すべきである[9]」。

　この説明は次のように敷衍することができよう。すなわち，収益は一般に実現時点で認識されるのに対して，費用は発生時に認識される。つまり両者は認識時点が異なるため，その差額を単純に利益とみなすことはできない。そこで当期発生費用のうち，当期の収益の獲得に必要な部分だけを当期の費用として計上し，それによって上記の時間差を調整しようとするところにこの原則の原初的な意義がある[10]。図表2-6は減価償却費を例に採り，上記のペイトン・リトルトンの論述を教科書的に展開したものである。

　次に，対応原則と引当金の関係についてペイトン・リトルトンは以下のように述べている。「一般に確定的に発生した原価のみが収益に負担せしめられうる……収益および発生原価の正当な対応比較のために……特別支出の予定額を毎期見越してこれにたいする貸方記入を負債性引当金の勘定に行うことは，もしその額の決定が信頼するにたるなら，会計士がこれを不当とみなしうるところはない[11]」。

　この論述については次の点を確認しておく必要があろう。まず負債性引当金の設定目的は「収益および<u>発生原価</u>の正当な対応比較のため」であり，「収益

図表2-7　引当金繰入額の類型

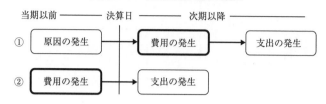

図表2-8　費用収益対応の原則の2つの機能

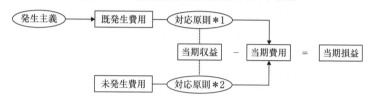

＊1　期間費用限定（損益確定）原則としての対応原則
＊2　費用認識基準としての対応原則

および<u>将来発生費用の正当な対応比較のため</u>」と述べているわけではない。また負債性引当金の設定方法についても「<u>支出の予定額</u>」を見越すのであって「費用の予定額」を見越すわけではない（下線―引用者）。

　つまり，ペイトン・リトルトンが『会社会計基準序説』の中で想定した負債性引当金繰入額は将来発生費用（図表2-7①）ではなく，未支出の当期発生費用（同②）であると解釈されるのである[12]。

　これに対してわが国の引当金会計理論における対応原則の解釈はこれとは異なる。すなわち当期の収益と因果関係をもつ費用であれば，発生，未発生を問わず当期の収益から控除することを要請する原則として理解されており[13]，その結果，対応原則には費用限定原則としての機能と将来発生費用の認識基準としての機能が二重に付与されているといえる[14]（図表2-8）。

　ところで，対応原則を上記のように解釈するとき，そこに形成される期間損益計算は発生主義（消費主義）にもとづく期間損益計算とはかなり異なったも

のになる。まず，一個の総額として表示される期間損益も，元を正せば個々の取引から生み出された損益の累積額にほかならない。つまり企業の活動を個別取引の次元にさかのぼって観察するならば，一会計期間の収益と費用は取引ごとの個別収益と個別費用に分解され，そしてそれらは取引の完了時点で完全に対応する。ただしそれは超期間的に達成される対応であり，期間損益計算のもとでは未完結の取引が常に存在する。ここにおいて上記の対応原則を適用するということは，個々の取引を媒介にしつつ[15]，当期の収益の獲得に必要な費用を，発生，未発生を問わず当期の収益から控除するということであり，それはすなわち期間損益計算の体系内において超期間的なプロジェクト別の損益計算（口別損益計算）を志向するということにほかならない[16]。ここで発生主義に基づく会計を「発生型会計」，対応原則のもとで展開される会計を「対応型会計」とすると，両者の関係は図表2-9のように図式化することができよう。

　なお，発生型会計のもとで認識される費用は財・サービスの消費に起因するストックの変動に裏付けられるのに対して，対応型会計のもとで認識される将

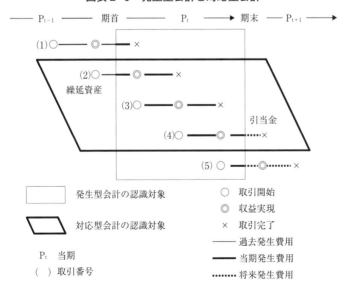

図表2-9　発生型会計と対応型会計

来発生費用にはストックの変動の裏付けがない。これを会計観との関連でいえば，発生型会計は費用の認識がストックの変動と連動する点で資産負債中心観に属し，対応型会計は費用の認識が部分的にストックの変動から切り離される点で収益費用中心観に属することになる。

## 第4節　支出費用説の展開

### 1　2つの収益費用計算

　岩田巌は損益法のなかに「財貨の価値の流れを追求する経営経済的な利潤計算[17]」としての給付費消計算と，「貨幣の収支計算から転化した伝統的な商人的利潤計算であり，貨幣を計算対象[18]」とする収益費用計算の2つの計算思考があることを指摘している。このうち後者の収益費用計算に関しては費用の本質規定をめぐってさらに2つの派生的な計算思考が成立することを確認しておきたい。

　まず，貨幣動態と財貨動態の関係をみた場合，給付の生産と販売は収益性収入をもたらし，財・サービスの消費は費用性支出に結びつく。そこで成立するのが，収益性収入が給付を反映し，費用性支出が財・サービスの消費を反映するように収支の期間帰属を調整する収益費用計算である。

　この場合，計算の主たる関心は財貨動態にあるわけではなく，給付の生産と販売を通じて増殖していく貨幣にある。にもかかわらず財貨動態を意識した計算をせざるを得ないのは信用経済の拡大や有形固定資産投資の増大によって貨幣動態が財貨動態から著しく遊離しているからにほかならない。つまり貨幣動態が財貨動態から遊離すると，収支の記録は単なる市場取引の記録になってしまい，それによって貨幣増殖の真の原因を追跡することができないからである。ここに収支の記録を財貨動態に結びつけ，貨幣増殖の真の原因である給付の生産販売過程を跡づけていく計算思考，すなわち収益費用計算が成立する契機がある。岩田は『利潤計算原理』の中で「今日の損益法は，単に貨幣の収支計算を基礎とするばかりでなく，財貨の数量計算をとり入れて成立するのであ

る[19]」。「収支計算と物量計算との結合から成立する損益法においては，消費の事実にしたがつて費用の発生を認識し，消費量に相当する支出をもつて費用の額とするとともに，給付の事実によつて収益の発生をみとめ，給付量に対する収入を収益の額とするのである[20]」と述べている。

　さて，収益費用計算の意義をこのように理解するとき，これと給付費消計算との違いを明確にしておく必要があろう。なぜなら両者はいずれも財・サービスの消費に基づいて費用を認識していくことになるからである。

　結論からいえば財・サービスの消費の事実に基づいて費用を認識するかぎり費用の認識面において両者の間に差異は生じない。これに対して，費用の測定面では両者の間に差異が生じる可能性がある。なぜならば，給付費消計算において「費消の測定は必ずしも貨幣支出にむすびつくとはかぎらないのであつて，その大いさは物自体に即して，その他の評価基準によつて測定されることもありうる[21]」からである。たとえば給付費消計算では取替原価によって，収益費用計算では取得原価によって売上原価を測定する場合がこれに該当する。

　ところで収益費用計算には，もうひとつの論点がある。すなわち収益費用計算は貨幣動態を主体とした計算思考だが，その場合，費用の本質を保有する財・サービスの消費に求めるのか，それとも貨幣価値の喪失に求めるのかという問題である。たとえば退職給付にこの問題をあてはめると，費用の本質を財・サービスの消費と考える場合，労務費は労働用役の消費と定義される。したがって退職給付費用は従業員の勤続期間中に発生することになる。ところが費用の本質を費用性支出による貨幣価値の喪失と考える場合には従業員の勤続期間中に費用は発生せず，退職給付金の支給によってはじめて費用が発生することになる。このような思考は財・サービスの消費を費用と考える立場からは一見奇妙に思えるかもしれない。しかし，従業員の勤続中は企業からいかなる価値も流出せず，退職給付金の形で流出する貨幣が企業主にとって唯一の価値犠牲である点を想起すれば，貨幣の流出を費用の発生とみなす思考が展開されても不思議ではない。以後，このような費用観を便宜上「支出費用説」と称することにするが，この支出費用説は企業会計原則注解注18の解釈において[22]

特に重要な意味をもつ。なお，支出費用説との対比で，財・サービスの消費を費用とする思考を便宜上「費消費用説[23]」とする。

## 2　企業会計原則注解注 18 と支出費用説

　企業会計原則注解注 18 の規定は次のとおりである。「将来の特定の費用又は損失であって，その発生が当期以前の事象に起因し，発生の可能性が高く，かつ，その金額を合理的に見積ることができる場合には，当期の負担に属する金額を当期の費用又は損失として引当金に繰入れ，当該引当金の残高を貸借対照表の負債の部又は資産の部に記載するものとする。製品保証引当金，売上割戻引当金，返品調整引当金，賞与引当金，工事補償引当金，退職給与引当金，修繕引当金，特別修繕引当金，債務保証損失引当金，損害補償損失引当金，貸倒引当金などがこれに該当する。発生の可能性の低い偶発事象に係る費用又は損失については，引当金を計上することはできない」。

　この規定によると，注解注 18 によって認められる引当金は，①将来の費用又は損失であり，②内容が特定されており，③発生の可能性が高く，④金額を合理的に見積ることができるものである。ここで最初に問題になるのが，発生主義を基調とする期間損益計算の体系のなかで将来の費用又は損失を当期の費用（損失）として計上する（しうる）根拠である。注解注 18 にこの点に関する明確な説明はないが，「将来の特定の費用又は損失……の発生が当期以前の事象に起因し」という文言から判断するかぎり，将来発生費用の計上根拠は原因発生主義に求められているといえよう。

　ところが，ここに例示されている引当金項目を子細に検討していくと，「将来の特定の費用又は損失」という文言と一部の例示項目の間に矛盾が生じてくる。まず，修繕引当金や特別修繕引当金の場合，対象となる修繕が実施されるのは決算日以降である。つまり財・サービスが消費されるのは次期以降であるから，これらの項目は「将来の特定の費用又は損失」を繰入れる引当金となる。ところが賞与引当金や退職給与引当金の場合，労務費が発生するのは将来期間ではない。労働用役の消費としての労務費は従業員の勤続期間中にすでに

発生しており，したがってこれらの項目は「将来の特定の費用又は損失」を繰入れる引当金ではなく，既に発生した費用を繰入れる未払費用（未払賃金）でなければならないはずである。

　そこでこの論理矛盾の解消を試みているのが井上良二である。井上は岩田の基本思考を発展させ，支出費用説の立場から注解注18を解釈して次のように述べている。「貨幣動態によれば，この場合の費用又は損失は支出価値，すなわち将来において払い出される貨幣性資産の価値の消費（又は収入価値の減少）を意味する。退職給与引当金を例にとれば，それへの繰入額は将来の退職金支払による貨幣性資産の価値の減少であることになる。……各期間における退職給与引当金繰入額は，この将来における退職金という貨幣価値減少としての費用を前倒しして計上しているもの以外の何物でもない。……費用そのものは退職金として支払われる貨幣性資産の価値の消費であるからである。上述のように各期間にこれを前倒しするに際しての認識は労働用役の消費を手段とせざるを得ないが，労働用役の消費そのものは決して費用ではないからである。したがって，貨幣動態の視点に徹する限り，退職給与引当金は引当金以外のものではあり得ないのである[24]」。

　井上のこの説明にあるように，「貨幣性資産の価値の消費」を「費用そのもの」と考えるならば，将来の費用性支出に備える引当金はすべて「将来の費用又は損失」に備える項目となり，引当金の設定はこの「将来の特定の費用又は損失」をそれ以前の会計期間に前配賦する手続きとして統一的に説明することが可能になるのである[25]。

　ただし，井上のこの説明には次のような問題が含まれていることを指摘しなければならない。すなわち貨幣性資産の喪失を費用の発生と考える支出費用説の場合，支出時点で費用を計上することが当該企業の費用の発生状況を忠実に描写することになる。しかし注解注18の場合，費用（引当金繰入額）の計上時点は費用性支出が発生する将来時点ではなく，当期末である。井上はこの矛盾について次のように説明している。「資金の投下は当該財・用役に資金を拘束するのである。この資金の投下そのものは決して費用ではない。投下・運用さ

れた資金の持っていた価値は取得した財・用役の中に存続し続けていると解されるからである。……投下貨幣資本（貨幣資金）の価値は投下の段階で失われることなく取得した財・用役の中に存続するとするのが貨幣動態の視点での主張であるからである。こうして，財・用役の消費に見合う形で投下貨幣資本（貨幣資金）の価値の消費が生ずると考えざるを得ないことになるのである。そして，この消費分こそが費用なのである。それ故に，財貨動態の場合には財・用役そのものの価値の消費であったが，貨幣動態と見る視点での費用はそこに投下されていた貨幣資本（貨幣資金）の価値の消費なのである。……貨幣動態において費用は財・用役そのものの価値の消費を手段として，貨幣資本（貨幣資金）の価値の消費を認識せざるを得ないという事情のために，その認識の基準は財貨動態の場合と同様に，発生主義とならざるを得ないのである[26]」。

　この説明によると，投下された貨幣資本の価値は支出時に消滅するのではなく，取得した財・サービスの中に移転し，財・サービスの消費を通じて消滅するものとされている。しかし「資金の投下そのものは決して費用ではない」とすると，注解注18の「将来の特定の費用又は損失」の中身は何なのか，再びこの問題に戻ることになる。

## 3　収益費用中心観と支出費用説

　図表2-10に示されているように，費消費用説では財・サービスの消費時点が費用の発生時点を表すことになる。その際，関連の費用性支出はその費用の測定基礎として位置づけられることから，費用性支出の発生時点は費用の認識に何ら影響を与えない。

　これに対して支出費用説による収益費用計算は，貨幣価値の喪失を費用と規定しつつ，その支出時点における費用の認識（すなわち現金主義による費用の認識）を否定するところから論理上の矛盾が生じる。しかしその一方で，多くの論者が意識的であれ，無意識的であれ，この支出費用説的な思考を引当金会計理論の基底に据えていることも事実である。そこで支出費用説がもつ根本的な

図表2-10　費消費用説に基づく給付費消計算の基本構造

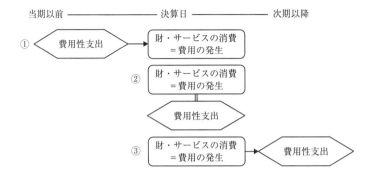

矛盾点はしばらく不問とし，この思考をより一般的な期間損益計算の方式として展開するならば，そこにいかなる論理が形成されるのか，本節の最後にこの点を確認しておきたい。

　まず，貨幣価値の喪失を費用と考える支出費用説では，その基本思考から費用は支出時点で「発生」するものと考えなければならない（図表2-11）。ただし期間損益計算上はこの費用（＝費用性支出）をそのままその期の費用として計上するのではなく，何らかの基準によって各期に費用として配分される。その費用配分のパターンは，

　　　①過去の費用（＝過去の費用性支出）を当期に計上（費用の後配賦）

　　　②当期の費用（＝当期の費用性支出）を当期に計上

　　　③将来の費用（＝将来の費用性支出）を当期に計上（費用の前配賦）

の3つに分かれる。

　その際，特に留意しなければならないのは「③将来の費用（＝将来の費用性支出）」となる取引の範囲である。その範囲は給付費消計算や限定的な収益費用計算が対象とする取引よりも広い。なぜなら，財・サービスの消費はもとより，第2節で列挙した汚染土壌の原状回復義務，納税義務，罰金，損害賠償金の支払義務など，将来，費用性支出の形で決着する取引もまたここに含まれるからである（図表2-12）。

図表 2-11　支出費用説に基づく収益費用計算の基本構造

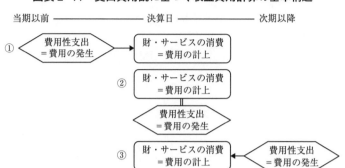

図表 2-12　支出費用説における費用の認識対象

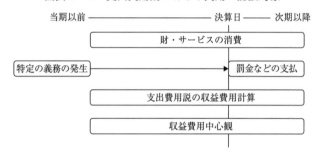

　次に支出費用説における費用認識基準である。先に述べたように，支出費用説において費用の本質規定と費用の認識を整合させるならば，原則的な費用認識基準は現金主義になるはずである。しかし，貨幣動態と財貨動態が大きく乖離した状況では収支計算をもって企業の業績を測定することはできない。ここに支出費用説においても現金主義による費用の認識を否定せざるを得ない理由がある。しかし，現金主義の否定が即ち発生主義の適用を意味するわけではない。

　もちろん支出費用説においても財・サービスの消費に基づく費用配分は可能であり，とりわけ過去の費用（＝費用性支出）を後配賦する場合には発生主義

を適用するのが一般的であろう。井上の説明も基本的にこの思考に立脚している。しかし，給付費消計算において絶対的な意味をもつ財・サービスの消費も，支出費用説では単なる費用原因（＝費用性支出の原因）のひとつにすぎない。先の例でいえば，

　　　×１年度…×３年度に開催予定の博覧会への出展を取締役会で決議

　　　×２年度…出展計画を記者会見などで公表

　　　×３年度…出展の準備を開始し，年度内に出展を完了

　　　×４年度…関連の支払いを一括して終了

の一連の取引のうち，×１年度の取締役会の決議，×２年度の出展計画の公表，×３年度の財・サービスの消費はすべて×４年度の費用（＝費用性支出）を誘発する事象となる。その際，費用性支出の発生と費用の認識を切り離すことが許されるなら，費用の認識基準を発生主義（財・サービスの消費の事実に基づく費用認識）に限定する必要はない。その結果，支出費用説では，費用性支出の原因が発生した時点で費用を認識する「原因発生主義」が一部の費用に対して適用されることになる。[27]ただしこの基準のもとで費用を認識すれば，一部，ストックの変動の裏付けのない費用が計上され，同時に引当金などの計算擬制項目が現れる。それが期間損益計算に大きな自由度を与えることはいうまでもない。それを体現しているのが柔軟な期間損益の計算構造をもつ収益費用中心観の会計モデルということになる。

## 第５節　費用認識論理の相互関係

　以上，本章で取り上げてきた期間損益計算思考を費用認識の観点から総合すると図表 2-13 のとおりである。

　ここに示されている期間損益計算思考はそれぞれが基本思考を異にしつつ，それぞれが完結した論理体系を備えている。もちろんそれがただちに理論的対立を生み出すわけではない。なぜならこの図の重複部分が含意しているように，たとえ期間損益計算思考が異なっていても個々の処理方法（たとえば仕訳

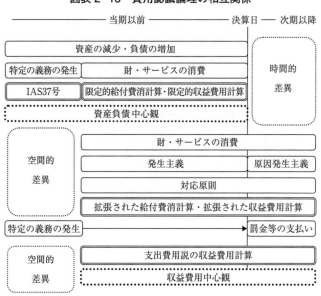

図表2-13　費用認識論理の相互関係

の方法）は多くの会計領域において共通しているからである。しかしそれでも基本思考の違いは限界領域において表面化する。その典型が偶発事象会計であり，引当金論争はその現れにほかならない。

　ところで引当金論争の多くは特定の引当金項目の処理方法の対立として表面化してきた。しかしそれぞれの主張の背後には相互に相容れない期間損益計算思考があり，そして個々の引当金の処理方法はその思考にもとづいた期間損益計算構造の一部を構成している。したがって引当金論争は個別領域の対立を超えた期間損益計算思考そのものの対立として理解されなければならない。その意味で，本章で整理を試みた種々の期間損益計算思考の相互関係は，錯綜した引当金会計理論を理解するうえで，ひとつの視座を与えてくれるものと考える。

　1　「給付」とは企業が生産した製品やサービスをいい，「費消」とは給付の生産のために

財・サービスを消費することをいう。

2 IASC, IAS37, *Provisions, Contingent Liabilities and Contingent Assets*, 1998.（日本公認会計士協会国際委員会訳『国際会計基準審議会 国際会計基準書2001』同文舘，2001年。）

3 ここで「限定的」というのは，決算時点までに生じた財・サービスの消費にもとづいて費用を認識する場合をいう。いいかえれば，決算日以後の財・サービスの消費を予測して費用を計上する場合を含まない。

4 「発生主義は消費主義であり，財貨または役務が消費された時，それを費用として認識するのである。これが費用認識の一般的基準である」（中村忠『株式会社会計の基礎』白桃書房，1975年，58頁）。「費用の認識は，消費という事実にもとづいて行われなければならない。これが発生主義（accrual basis）と呼ばれる基準であり，費用認識の一般的基準である。内容に即していえば，むしろ消費基準と呼ぶほうが適当かも知れない」（中村忠『新訂現代会計学』白桃書房，1982年，69頁）。

5 たとえば3年後に予測される大修繕9億円のうち，3億円を当期の費用として見積計上すれば，この修繕に関して資産の減少や支払義務の発生などの事象が生じていない時点で費用を計上することになる。そこでこの空隙を埋めるために，費用の相手勘定として特別修繕引当金3億円が計上されることになる。

　　これと逆の関係が繰延資産の計上である。たとえば広告宣伝活動によって未払金が10億円発生しているときに，2億円を費用として認識すれば，費用の計上額と未払金の増加額の間に8億円の差額が生じる。この借方不足額を補填するために生じるのが繰延資産（この場合，開発費）である。

6 江村稔は修繕引当金に関連して原因発生主義を次のように批判している。「修繕引当金の計上は，当期中に修繕をなすべき原因が，すでに『発生』しているという説明をつけることによって，あたかも，発生主義の適用であるかのように主張することは，会計学的には，きわめて大きい疑問があるといわざるをえない。たしかに，当期中に機械や設備などの固定資産を使用していることは『事実』であり，その故に，将来において修繕をなすべき『原因』が生じているということは，文学的ないし表現的には可能であるけれども，会計学的には，何を『事実』と称し，また，何をもって『発生』のメルクマールとするかという問題を，いたずらに混乱させるのみである」（江村稔「企業会計原則修正案における引当金批判」『會計』第97巻第2号，1970年，46頁）。

7 太田正博は原因発生主義を次のように明快に批判している。「疑問の第1は費用発生主義と費用原因発生主義との相互関係について生ずる。費用原因発生主義を費用発生主義に代わる費用認識の一般基準と考えるならば，すべての費用の認識にこの基準が用いられ，費用はすべて，財貨・用役・収益力の消費をもたらす原因の発生にもとづいて計上されることになる。……たとえば，仕入れた商品は，販売されようと，陳腐化によって廃棄されようと，いずれにしても，いずれは確実に費用になる。換言すれば，商品の

仕入れはまちがいなく費用発生の原因である。有形固定資産の購入も確実な費用発生の原因である。費用原因発生主義を費用認識の一般基準であるとするならば，商品の仕入時点や固定資産の購入時点で費用認識がなさなければならなくなる。しかし，そのような費用認識は現行の会計実践を大幅に変更するものであり，とうてい認められないことである。費用原因発生主義を費用認識の一般基準とするにもかかわらず，これらの事実にもとづく費用計上を排除しようとするならば，その排除の論理が別途準備されなければならないが，このことが逆に，費用原因発生主義が費用認識の一般基準たりえないことの証となる」（太田正博「引当金会計の研究（1）―接近方法と製品保証引当金―」『福岡大学商学論叢』第28巻第3号，1984年，18-19頁）。

8　平井克彦は複数の費用認識基準を認める思考を批判して次のように述べている。「通説は現行の会計は発生主義会計であるとか，費用は発生主義の原則によって認識される，と説明しておきながら，引当金の話になると，今度は，未発生すなわち未だ発生していないものを計上すると説明するが，これは矛盾した説明である」（平井克彦『引当金会計論』白桃書房，1991年，34頁）。「引当金について，将来，費用が発生することの原因が当期以前に発生している，として，これが発生主義であるとする考え方は，この発生主義を費用原因発生主義とか広義の発生主義であるとしている。しかし，発生主義には費用原因発生主義と消費事実発生主義があるとか，あるいは，狭義の発生主義と広義の発生主義があるとかいう見方は，真に発生主義とは何かという問題をあやふやにしている。発生主義にはいろいろの種類のものがあるとするよりは，発生主義とは何かを明確にすべきであろう」（同書，35頁）。ただし平井は発生主義に関して次のように述べている。「現行の会計は『発生主義会計』と呼ばれている。この『発生主義会計』という呼称は，現金主義会計→半発生主義会計→発生主義会計という会計の歴史的発展過程におけるひとつの呼称である」（同書，36頁）。「費用は，①現金支出，②債務の確定，③繰延，④見越のほかに，⑤引当金の設定によっても認識されている。これらのうち，⑤引当金の設定によるもの以外の①～④のものは発生主義会計以前の会計において，すでに行われていたものであって，これらが発生主義によるものでないことはすでに見たとおりである。これに対して，⑤引当金の設定による費用の認識は，発生主義会計の時代になってから見られるようになったものである。そして，現在の会計が発生主義会計と呼ばれるのは，費用の認識方法として他の時代の会計には見られない特徴，すなわち，発生主義の使用にあるのだとすれば，この⑤引当金の設定による費用の認識こそが発生主義による費用の認識であるということになるであろう。すなわち，すべての費用が発生主義によって認識されるのではなくて，引当金の設定によって費用を認識することのみが，発生主義によって費用を認識することとイコールなのである」（同書，43頁）。平井によると経過勘定の計上（③繰延，④見越）は半発生主義によるものであり，⑤引当金の設定は発生主義によるものとしている。しかし一般には経過勘定の計上は発生主義の適用と考えられており，その文脈でいえば，「費用の先取り」（同書，62

頁）である⑤引当金の設定は発生主義の範囲を超えているはずである。つまり平井は
「発生主義」に独自の意味を与え，それによって引当金の設定を発生主義によるものと
説明しているが，それは用語の置き換えにすぎない。内川菊義は平井のこの立論を逐一
検討し，それに対して厳しい批判を加えている（内川菊義『引当金会計の基礎理論』森
山書店，1998 年，第 3 章）。なお，付言すれば費用認識基準を「費用原因発生主義」と
「消費事実発生主義」に区別することに問題があるわけではない。両者はもともと異質
の費用認識基準だからである。問題は発生主義を基本原則としながら，根拠不詳のま
ま，特定の費用項目に対してのみ原因発生主義を適用することにある。

9　Paton, W. A. and A. C. Littleton, *An Introduction to Corporate Accounting Standards*,
　1940, AAA, pp. 69-71, 中島省吾訳『会社会計基準序説〔改訳版〕』森山書店，1958 年，
　118-122 頁。

10　「費用収益対応の原則は，企業の業績（経営成績）を反映するため，正確な期間損益
　の計算を目的とする会計処理を，要求する一般的指針としての原則である」（阪本安一
　『新訂財務諸表論』税務経理協会，1975 年，149 頁）。

11　Paton and Littleton, *op.cit.,* pp. 71-72, 中島省吾訳，前掲書，121-122 頁。

12　旧企業会計原則注解注 18 は「将来において特定の費用（又は収益の控除）たる支出
　が確実に起こると予想され」と規定し，引当金の対象を将来の費用性支出としていた。
　この場合，当期未発生・未支出費用（図表 2-7 ①）と当期発生・未支出費用（同②）
　の両者が対象になる。

13　たとえば宇南山英夫は「収益と費用との対応過程は，……期間が基準となると同様に，
　一定期間に発生しかつ実現した収益が規準となるのであって，この収益と合理的な関連
　を有する一切の原価(コスト)がその特定期間の費用として計上されるのである。……したがって
　そこにはすでに確定したもののみでなく，将来発生するかもしれないものでも，それが
　収益に関連を有するものである以上，またその限りにおいて，収益に対応せられ，費用
　として計上されなければならない」と述べている（宇南山英夫「引当金に関する一考
　察」『産業経理』第 17 巻第 11 号，1957 年，76-77 頁）。

14　中村忠，前掲書（1982 年），71 頁。

15　対応というとき，一般には収益と費用との間に直接的な因果関係を想定するが，武田
　隆二は次のように説明している。「努力と成果との対応，換言すれば，財貨消費と財貨
　発生との対応という意味は，原因・結果の関係に立つのではなく，経済活動という原因
　によってもたらされる相伴う 2 つの結果の関係をいうものとみなければならない」（武
　田隆二「因果性と対応概念」『産業経理』第 33 巻第 3 号，1973 年，25 頁）。これを商品
　売買についてみるならば，「販売活動が『原因』でそれによって財貨消費と財貨発生と
　いう『結果』が生ずる。財貨発生は積極的結果であり，財貨消費は消極的結果である」
　（武田隆二『最新財務諸表論〈第 8 版〉』中央経済社，2002 年，124 頁）。本文で述べた
　「超期間的なプロジェクト別の損益計算（口別損益計算）」に計上される個別収益と個別

費用は，武田の文脈でいうと，個々の取引を原因とした相伴う２つの結果として位置づけられることになる。

16　詳しくは松本敏史「二つの期間損益観と引当金」『企業会計』第39巻第10号，1987年を参照されたい。

17　岩田巌『利潤計算原理』同文舘，1983年（第16版），133頁。

18　同書，133頁。

19　同書，141頁。

20　同書，145-146頁。

21　同書，134頁。

22　井上良二「制度会計論の二つの基本的視点」『JICPA ジャーナル』第2巻第11号，1990年，23頁。

23　収益費用計算は支出費用説でも費消費用説でも成立するが，給付費消計算はいうまでもなく費消費用説によって成立する。

24　井上良二，前掲論文，23-24頁。

25　将来の支出を費用そのもののとみなす思考は井上の独断ではない。注解注18の改正当時，企業会計審議会会長であった番場嘉一郎は引当金の対象を「将来，本格的に債務が生じたり，資金が流出したりして，損費が現実に発生したことを認識するにいたる，そういう損費」と説明し，微妙な言い回しながら支出費用説的な思考を示している（番場嘉一郎「企業会計における最近の論点（続）」『税経通信』第39巻第4号，1984年，2頁）。

26　井上良二，前掲論文，21-22頁。

27　山下勝治は費用概念と発生概念を次のように説明している。「費用（cost, Aufwand）は収益を獲得するがために失われた価値犠牲ないし支出対価を意味する」（山下勝治『会計学一般理論―決定版―』千倉書房，1973年，39頁）。「発生基準における費用・収益の『発生』とは，費用・収益を伴う事実ないし原因の発生を意味する。ドイツ学界にみられる『費用誘発原則』（Das Aufwandsverursachungsprinzip）は，まさにこの発生原則に当る用語としてみられる」（同書，54頁）。

# 第3章　阪本・番場・内川引当金論争の対立構造

## 第1節　は　じ　め　に

　会計基礎概念スタディ・グループ（代表阪本安一）の「昭和58年度中間報告」をきっかけに開始されたおよそ5年間にわたる引当金論争は，理論上の決着を見ないまま表面上は終息した。その間の論争は，引当金の一般概念や個々の引当金項目の性格規定をめぐって展開されたが，それによって闡明になったのは，各論者の引当金に対する理解の違いよりも，むしろその議論の根底にある費用概念や発生主義に対する理解や解釈の違いである。すなわち，同じ行動をとりながら各人の思いが様々であるように，一定の取引に対して同一の仕訳を行っていても，その背後にある会計観や理論体系には大きな違いがありうるということを教えてくれたのが今回の論争である。

　ところで費用概念や発生主義の理解が異なっていても，確定事象を対象としている限り，体系間の差異が表面化することはめったにない。しかし対象が偶発事象や未確定事象などの境界領域に移動すると，潜在していた体系間の違いが顕在化してくる。昭和35年の商法改正要綱試案をめぐって展開された引当金論争もその典型であり，引当金会計こそ会計理論体系間の対立がもっとも先鋭化する領域であるといえよう。つまり，表面的には数個の引当金項目の会計処理をめぐる対立であっても，その実質が引当金会計を一構成部分とする理論体系の全面的対決であれば，論争が容易に決着しないのみならず，機会あるご

とに対立が再燃するのも当然のことといわなければならない。

　本章では，昭和57年の企業会計原則の改正を機に展開された引当金論争を概観することによって，論争を生み出す期間損益観や関連諸概念の解釈の違い等，対立の構造に接近し，それによって錯綜する引当金会計理論を整理する枠組みを得ようと試みるものである。

## 第2節　論 争 の 展 開

### 1　論 争 の 背 景

　今回の論争の背景には昭和57年の企業会計原則引当金規定の修正がある。引当金の設定条件について修正前後の規定を比較すると，図表3-1のとおりである。また引当金の例示項目については図表3-2のように変化した。

　この修正で負債性引当金と評価性引当金が「引当金」として統合され，そしてその設定対象が，それまでの「将来（の）特定の費用（又は収益の控除）たる支出」（以下，「将来の特定の費用たる支出」）から「将来の特定の費用又は損失」に修正された。[1]

　ところで修正前の企業会計原則の引当金規定を文言どおりに解釈すると，「将来の特定の費用たる支出」を対象とする取引は次の2つに分かれる。

　［ケース1：（当期）支出原因事実の発生＝<u>費用発生</u>→（次期以降）費用性支出］
　［ケース2：（当期）支出原因事実の発生→（次期以降）<u>費用発生</u>→費用性支出］

　つまり，修正前の規定によれば，引当金繰入額が期中に発生した費用であろうと，未発生の費用であろうと，将来の費用性支出の原因事実が当期に発生している限り，いずれも負債性引当金の対象となる。その場合，ケース1を対象とする引当金の設定は「既発生・金額未確定費用」の計上として，費用認識の基本原則である発生主義にしたがった会計処理となる。これに対して，ケース2を対象とする引当金の設定は「未発生・金額未確定費用」の計上であり，発生主義の立場からは除外されるべき対象になる。修正前の注解注18の解釈はこの点が曖昧であったが，修正企業会計原則は引当金の設定対象を「将来の特

図表3-1 引当金設定条件の差異

|  | 49年版（改正前） | 57年版 |
|---|---|---|
| 設定対象 | 将来の特定の費用性<u>支出</u> | 将来の特定の<u>費用又は損失</u> |
| 対象の属性 | 支出の<u>確実性</u> | 高い発生の可能性 |
| 設定根拠 | <u>支出原因事実の当期存在性</u> | <u>費用原因事象の当期以前存在性</u> |
| 制約条件 | 金額の合理的見積りの可能性 | 金額の合理的見積りの可能性 |
| 繰入額 | 特に規定なし | 当期の負担に属する金額 |

図表3-2 引当金の例示項目

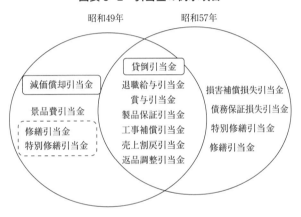

定の費用又は損失」に限定することで，少なくとも文言上，引当金の対象を明確にした。これにより，従来から展開されていた引当金の設定対象に関する多様な解釈が限定される一方，費用認識の基本原則である発生主義に基礎を置いた引当金概念の構成が不可能になった。これが後にスタディ・グループによる批判の対象とされることになる。

　さらに修正企業会計原則が将来発生費用に引当金の設定対象を限定したことにともない，これまで代表的な評価性引当金とされてきた減価償却引当金「の性格・概念は修正後の企業会計原則注解注18に定める引当金に該当しないと考えられる」として，これを引当金の範囲から除外し，その名称を「減価償却

累計額」に改めた。この際，数ある引当金例示項目の中から減価償却引当金だ
けを除外したこともスタディ・グループによって批判されることになる。

　論争はスタディ・グループによる新企業会計原則注解注18の批判によって
口火が切られた。そしてこの論争は当時の企業会計審議会会長であり，企業会
計原則の改正に従事していた番場嘉一郎とスタディ・グループの座長であった
阪本安一の論争に形を変え，さらに内川菊義が参加することで当初の論争は阪
本，番場，内川の三つ巴の論争へと発展した。その後，さらに古谷允寿，遠藤
孝，細田末吉の参加があり，議論は大きな広がりを見せることになった。

　ところで，これらの論争を時系列で追跡すると，一定時点から議論は自説の
繰り返しの様相を呈してくる。また論点は引当金概念の形成に関するもの，費
用認識基準に関するもの，個々の引当金項目の性格規定に関するものと多岐に
わたる。したがって本章では，引当金会計全般に対して体系的な議論を展開し
ている阪本，番場，内川の３氏に焦点を絞り，スタディ・グループによって提
起された上記２つの争点（批判点）を中心に各氏の論理展開を整理していくこ
とにする。


## 2　引当金繰入額は未発生費用か，それとも見積費用か

　修正企業会計原則とスタディ・グループの最初の対立点は引当金の対象とな
る費用の性格である。上記のように，注解注18はそれを未発生費用に限定し，
既発生費用を引当金の対象から除外した。

　これに対してスタディ・グループは引当金を「既発生であると未発生である
とを問わず，費用の金額的見積りによって計上される貸方項目であり，かつ当
期収益の負担に属するもの」と定義し，引当費用の基本的性格を金額の見積り
においている（図表3-3）。

　ところで，両者の対立は，一見すると，既発生・金額未確定費用（図表3-3
のA）の取り扱いをめぐる差異にすぎないが，しかしこの差異は，両者の会計
観の違い，あるいは期間損益計算における重点の置き所の違いに起因してい
る。すなわち，阪本が「会計理論からいえば，金額的に未確定であるものと，

図表3-3 引当金の設定対象

| 注解注18（番場説・内川説） | | |
|---|---|---|
| 既発生費用 | 未発生費用 | |
| 金額確定費用 | A | 金額未確定費用 |

スタディ・グループ（阪本説）

確実化したものとの区別こそ重要であると考えるのが妥当であると思う[5]」と述べているのに対して，番場が「企業会計原則の改正の掌に当たった者は引当金概念を合理的で直截簡明なものにするために，引当金は専ら将来発生する費用又は損失を当期に計上する場合の貸方項目として用いることにし，既発生の費用を当期に計上する場合には，その測定に予定，見積の要素がいかに多く入りこんでも，貸方項目を引当金とはしないことにしたのである[6]」と反論している。このように，阪本説では費用の測定面における差異（金額の確実性の有無）[7]を認識面の差異（費用の発生，未発生）以上に重視しているのに対して，番場説では阪本説とは逆に，費用の認識面における違いを測定面の違い以上に重視しているといえる。

　では，勘定体系を構築する際に，いずれの差異をより基本的なものとすべきかというとき，それを判断するための客観的な論拠を見いだすことはそれほど容易ではない。ただしその中にあって，内川は，費用の発生，未発生を期間損益計算上のより重要な差異とみなす立場から，この問題に対して一歩踏み込んだ考察を加え，次のように述べている。すなわち，注解注18の「金額を合理的に見積ることができる場合」を「金額の見積りによる誤差，より厳密には，それの見積超過額が重要性の原則により無視しうるほどの確実性をもって，これを測定することが可能な場合[8]」に限定するとき，「見積金額をことさら確定金額と区別する必要性は存在せず，前者は後者に準ずるものとして，この両者を基本的には同一にとらえうることになる[9]」。

### 3 減価償却引当金は引当金か否か

　スタディ・グループのもう1つの批判は，注解注18が減価償却引当金を引当金の範囲から除外した点に向けられている。先の「中間報告」はこれを批判して次のように述べている。

　「退職給与や修繕費は，いずれも減価償却費と同様にすでに発生した費用である。しかも退職給与引当金や特別修繕引当金は，ともにすでに発生した費用の見積り額を示すものであり，かつそれらの将来の実際支払による決済額の見積りを意味するものである。それゆえに，減価償却引当金が減価償却累計額と改められるものとすれば，すでに発生した経済価値減耗の事実の認識に基づく特別修繕引当金や後払賃金の性格をもつ退職給与引当金あるいは賞与引当金が何故に引当金であって累計額でないのかという疑問が残るのである。さらに，退職給与引当金や特別修繕引当金は，いずれも費用配分の原則によってその発生額を当期に配分して計上したものであって，減価償却費の計上にあたって費用配分の原則の適用をうけるのと，何ら異なる点はない[10]」。

　つまり，スタディ・グループによると，引当金の例示項目として列挙されている修繕引当金，退職給与引当金，賞与引当金の繰入額はいずれも減価償却費と同様に既発生費用であり[11]，また，その金額が見積額である点も減価償却費と変わらない。したがって減価償却引当金だけを他から区別し，これを引当金の範囲から除外する理由はないということである。

　これに対して番場は，新企業会計原則の解説のなかで減価償却引当金を引当金から除外した理由について次のように述べている。

　「注解注18の引当金は減価償却引当金（今回の修正企業会計原則では減価償却累計額と表現することにした），その他資産の評価切下げを間接法で行った場合に貸方科目として用いられる評価切下げ引当金と異なるが，その相違点は，後者の引当金は，当年度に既に発生している当年度負担の損費を計上する際に用いられる貸方項目であること，この引当金は関係資産に対する対照勘定（contra account）であることにある。……これに対して注解注18の引当金の特性は，当年度又は過年度の企業活動その他の事象から，偶発性の損失が将来，

発生すること，確実性の損費が将来，発生することを踏まえて，その損費の負担年度は当年度だという認識に基づいて将来発生する損費の見積計上を行う際に貸方に立てられる見積負債項目又は見積マイナス資産項目であること，予想した偶発事象が将来，現実化し，また予想した確定事象が将来，現実化したときには，これらの引当金項目は，現実の負債と化し，あるいは資産の減少を招いて消滅するものであるということにある[12]」。

　この説明にみられるように，番場も，減価償却費を既発生費用と考えている点は阪本と同様である。ただし番場の場合は，引当金の設定対象を未発生費用に限定している。いいかえれば「既発生の費用を当期に計上する場合には，その測定に予定，見積の要素がいかに多く入りこんでも，貸方項目を引当金としない」ため，減価償却引当金は引当金にはならない。

　ところで減価償却引当金の取り扱いをめぐる両者の対立によって，旧注解注18の規定では表面化しなかった費用認識基準や費用概念に関する理解や解釈の差異が浮上してきた。具体的には阪本が引当金の例示項目のうち，修繕引当金，特別修繕引当金，賞与引当金，退職給与引当金を既発生の費用を繰り入れる引当金としているのに対して，番場はこれらの項目を「将来発生する損費の見積計上を行う際に貸方に立てられる見積負債項目又は見積マイナス資産項目」，すなわち未発生費用を繰り入れる引当金としている。そのため両氏の論争は，この減価償却引当金の取り扱いを超えて，引当金の個別項目の性格規定をめぐる議論へと発展することになる。

## 4　賞与引当金・退職給与引当金の性格規定

賞与引当金・退職給与引当金に関する論点（争点）は，以下の4つである。
①設定対象となる費用の実体は労働用役の費消か，それとも現金支出か。
②引当金繰入額は発生費用か，それとも未発生費用か。
③賞与引当金，退職給与引当金は引当金か，それとも未払費用か。
④費用の測定基礎は将来の支出額か，それとも期末要支給額か。
さて，阪本は注解注18がこれらの引当金繰入額を未発生費用と規定したこ

とを次のように批判している。「賞与や退職給与は，何れも今日の社会通念からいえば，後払賃金の一支払形態とみられるものである。これらは何れも従業員の労働力の消費という事実に基づいて発生する労務費である。ただその支払時期が一定の支給期日又は退職の日まで延期されるものにすぎない[13]」。「賞与の支払や退職金の支払が費用の発生を意味するものではない。……発生主義の真の意味を理解しない一部の法学者などは，しばしば支出をもって費用の発生と解釈する誤りを犯すことがある[14]」。

内川も同様の立場から次のように述べている。「退職給与引当金は，従業員が当期において現実に労働用役を提供したという事実にもとづいて，それが設定されるのであるから，この場合には，価値の費消（消費と同義—引用者—）つまり費用そのものは当期にすでに発生しており，ただ，それに対する対価としての賃金の一部が，当期には支払われないで，将来の退職時に退職金として支払われるべきものとして未払のまま残されている，という事実を示すものとなっている。そして，このことは賞与引当金についてもそのまま当てはまる[15]」。

ところが番場は両氏と異なり，これらの引当金は発生費用を繰り入れるものではなく，未発生費用を繰り入れたものとし，次のように述べている。「企業会計原則は従業員賞与を将来事象に基づいて発生する費用と考え，……（賞与額決定の—引用者—）タイミングとの関係からある時期には賞与債務を引当金と表現し，他の時期には未払費用と表現する会計処理を行うべきだとしていると考える[16]……退職給与（一時金又は年金として支給される）という費用の発生は対象従業員の退職という事実の発生によって認識されるが，退職費の全額を退職の事実が発生した日の属する年度の損費と考えることは妥当でない。従業員が将来退職するときに発生する費用を見積もって当該従業員の勤務している各期間に配分することが合理的な期間損益計算にとって不可欠である[17]」。「ファンディングを伴う年金費についてはそれが既発生の費用であるという見解は妥当であるとしても，それ以外の退職給与費は貸方に引当金勘定（注解注18の引当金）をたてることによって記帳されるべき未確定の将来費用の性質を有すると考えるべきである[18]」。

図表 3-4　退職給付費用の概念構成の違い

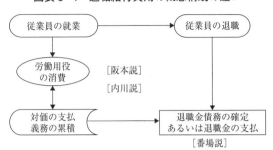

　さて，阪本，内川両氏が賞与引当金，退職給与引当金を既発生の労務費を繰り入れる引当金としているのに対して，番場がこれらの項目を未発生費用の繰り入れによるものとしているのは，すでに明らかなように，阪本説と内川説が労務費の実体を労働用役の消費の事実に求めているのに対して，番場説が，それを従業員の退職時における退職金の支出（ないし支給債務の確定）に求めているからである。この点は，番場の「ファンディングを伴う年金費についてはそれが既発生の費用であるという見解は妥当であるとしても」という論述，あるいは「将来発生する損費（将来，本格的に債務が生じたり，資金が流失したりして，損費が現実に発生したことを認識するにいたる，そういう損費）を当年度の負担しなければならない損費として見積計上するのが引当経理である[19]」という論述からも伺えるところである（図表 3-4）。

　ところで，労務費の実体を労働用役（経済価値）の消費と理解するとき，労務費は労働用役の消費がおこなわれた当期中に発生し，そしてそれを繰り入れる賞与引当金，退職給与引当金は，賃金後払原則のもとにおいて，この消費した労働用役の対価の未払額を表す負債項目となる。そこで費用の発生，未発生の違いを，金額の確定，未確定よりも重視する内川からは，これらの項目を引当金から「除外して，未払費用の一項目としてとらえるべきが至当である[20]」という主張が行われることになる。また労働協約等が存在する場合，退職給与引当金が表示している未払賃金額は，原理上，期末要支給額として確定額で示される。したがって，金額の確定，未確定によって未払費用と引当金を区別する立場に

おいても，この退職給与引当金は未払費用として規定されるべき項目となる。

　ところが，阪本は，退職給与引当金を内川と同じく既発生費用を繰り入れる負債項目と理解しながらも，「退職給与が契約によって定められる場合は，多くの場合『退職時における給与月額の何カ月分』というふうに定められるのであって，……退職時期がいつであるか，そのときにおける給与月額が何万円になるかは，すべて見積額でなければならないのが普通である[21]」として，金額の未確定性を根拠にこれらの項目を引当金と規定している。もっとも阪本のこの論述は，退職給与引当金繰入額の計算方法として「将来支給額予測法式」を採用した場合には有効であるものの[22]，実務で広く用いられている「期末要支給額計上方式[23]」を採用する場合にはこの指摘は妥当とはいえない[24]。

　ここで改めて，各論者の退職給与引当金に対する論理構成を整理すると図表3-5のようになる。

**図表 3-5　退職給与引当金の論理構成**

|  | 阪本説 | 番場説 | 内川説 |
|---|---|---|---|
| 退職金費用の実体 | A | B | A |
| 科目の性格 | A | A | B |
| 費用の測定基礎 | A | A | B |

（論点1）退職金費用の実体：A－労働用役の消費，B－退職金支出
（論点2）貸借対照表における科目の性格：A－引当金，B－未払費用
（論点3）費用の測定基礎：A－将来の支出額，B－期末要支給額


## 5　修繕引当金・特別修繕引当金の性格規定

　同じ修繕取引を想定しながら，阪本が修繕引当金・特別修繕引当金の繰入額を発生費用とし，番場がこれを未発生費用とするのは，両氏の修繕費に対する理解が根本的に異なっているからにほかならない。

　まず阪本は次のように述べている。「修繕費や特別修繕費は，原則として有形固定資産の使用に伴って発生する費用と考えられるものである。それは減価

却費の発生と全く同様に財の使用によって発生する費用と考えられるものである。ただし減価償却費は資産の使用と関連して発生する費用であるが，これを修繕によって原状に回復し得ないものを見積り計上するものである。これに対して修繕引当金計上の場合は，資産の使用に伴って生ずる経済価値の減耗（費用発生）の部分のうち，これを修繕することによって原状に回復することの可能な部分について，その原状回復費を見積り計上するものである。……修繕引当金は将来に発生する費用に対する見積りによって計上されるものではない。それはすでに発生している費用（資産の価値減耗）に対する金額的見積りによって計上されるものである。この場合，修繕それ自体は予め計上された修繕引当金という会計上の固有の概念たる負債に対する復元填補の行為であると考えることができないものであろうか[25]」。

　つまり阪本説の場合は修繕費の実体を有形固定資産の減価に求めていることから（図表3-6），それを見積計上する修繕引当金は，減価償却引当金と同じく，発生費用を繰り入れる引当金となる。すなわち修繕引当金は，固定資産の使用につれて既に発生している減価（ただし修繕によって原状回復が可能な減価部分）を費用として認識し，期間損益計算に計上するための貸方項目ということである。しかしその際の減価の測定基準は減価償却費の場合と異なり，固定資産の取得原価ではない。阪本はこの点について次のように述べている。「発生主義会計においては，修繕費は財の経済価値の減耗という事象に基づいて，これを認識するのが原則である。……ただ減価償却費の測定が取得原価基準によって行われるのに対して，修繕費の測定が原則として修繕実施日における予定価格たる時価を基準として行われるにすぎない[26, 27]」。

　一方，番場は，将来の修繕行為にともなう経済価値の消費こそが修繕費であるという立場から，次のように述べている。「修繕費の発生は将来事象である。当期に固定設備に wear and tear が生じるという事象に起因して将来発生するのが修繕費である。ここに発生するというのは，修繕作業のために修繕用の材料が倉出しされ，修繕工の労力が消費され，修繕業者のサービスが利用されるという事実が発生することを指す。これが修繕費の発生に外ならない。将来発

図表3-6　修繕費の実体に対する理解の違い

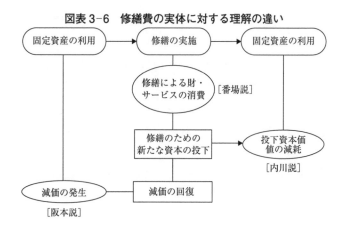

生することになるこの費用を会計上は wear and tear の生じている期に帰属せ
しめるのである[28]」。「修繕作業の実施に先立って，固定設備を利用したこと等に
より wear and tear の生じた期に見積修繕費を計上する。これは見積修繕費を
帰属年度にアロケート（事前配分）し，発生主義に基づく合理的な期間費用計
算を可能ならしめるためである[29]」。

　この論述にあるように，番場説の理解では，修繕費は実際の修繕活動によっ
て財・サービスが消費されるまで発生しない（図表3-6）。しかしそれを負担
すべきは現実に修繕を行った会計期間ではなく，固定資産の使用によって修繕
原因を発生させた会計期間であるとして，将来の修繕支出見積額を当該固定資
産の使用期間の費用として前配賦するものとなっている[30,31]。したがって番場説の
場合，修繕引当金は未発生費用を繰り入れる引当金となる。

　これに対して内川も，阪本，番場両氏との論争の過程で次のように独自の見
解を示している。「減価償却の対象が固定資産の全部に及ぶ場合（の―引用者
―）……これと重複しない形での修繕費の計上は，……固定資産価値の減耗と
は直接的には関係のない……生産能率ないし物理的能力の原状回復のための
……資本投下額の減耗を認識し測定する，つまり，認識の対象は『価値の減
耗』ではなく，『生産能率ないし物理的能力の減退』としてとらえることの方
が，より適切ではないかと考えている[32]」。「修繕費……の発生は，かかる修繕の

実施に際して惹起された経済価値の費消という事実にもとづいて……認識されるのではなく，……かかる経済価値の費消によって発生した，あるいは増加した固定資産の価値ないし物理的能力が……修繕実施以後の固定資産の使用により減耗（するという―引用者―）……事実にもとづいてそれが認識されるべきであると考える。したがって，その減耗の事実が数年間にわたって継続する場合には，当然に，修繕費の繰延手続つまり一種の繰延資産としての処理が必要となってくる[33]」。

　すなわち内川説の場合は，固定資産の取得原価全額が減価償却の対象とされる場合には，修繕のために投下した資本の減耗こそ修繕費として把握すべきであり（図表3-6），であれば修繕支出は，その修繕の効果が及ぶ会計期間に繰延処理（後配賦）される必要が生じるとしている。

　ところで，阪本説のように修繕費の実体を固定資産の減価（ただし修繕によって回復可能な部分）に求めるのであれば，その測定は将来の修繕支出の見積額に基づいておこなうのではなく，当該固定資産の取得原価，ただし修繕によって回復できる取得原価部分に基礎を置くべきであるとする思考が当然成り立つことになる。いわゆる評価勘定説である[34]。

　そこで，この評価勘定説も加えて，これまで各論者によって展開されてきた（特別）修繕引当金の設定論理を争点ごとに整理すると図表3-7のようになる。

図表3-7　（特別）修繕引当金の論理構成

|  | 阪本説 | 番場説 | 内川説 | 評価勘定説 |
|---|---|---|---|---|
| 修繕費の実体 | A | B | C | A |
| 費用の測定基礎 | B | B | C | A |

（論点1）修繕費の実体：A－固定資産のうち修繕によって原状回復が可能な部分に生じた減価，B－修繕にともなう経済価値の消費，C－修繕により投下された資本価値の減耗

（論点2）費用の測定基礎：A－固定資産の取得原価のうち修繕によって原状回復が可能な部分，B－将来の修繕支出，C－過去の修繕支出

また，設例によって各説の費用計上額を示すと図表3-8のようになる。

### 図表3-8　特別修繕費用の各処理方法と費用配分額

［設例］　設備：取得原価27億円，耐用年数9年，残存価額0，定額法
　　　　　このうち、特別修繕による取替部分の取得原価9億円
　　　　特別修繕支出額：4年目期首－12億円，7年目期首－15億円

阪本説・番場説（負債性引当金モデル）　　　　　　　　　　　（単位：億円）

|  | 1年度 | 2年度 | 3年度 | 4年度 | 5年度 | 6年度 | 7年度 | 8年度 | 9年度 | 合計 |
|---|---|---|---|---|---|---|---|---|---|---|
| 減価償却費 | 3 | 3 | 3 | 3 | 3 | 3 | 3 | 3 | 3 | 27 |
| 特別修繕費 | 4 | 4 | 4 | 5 | 5 | 5 | 0 | 0 | 0 | 27 |
| 合計 | 7 | 7 | 7 | 8 | 8 | 8 | 3 | 3 | 3 | 54 |

内川説（繰延勘定モデル）　　　　　　　　　　　　　　　　（単位：億円）

|  | 1年度 | 2年度 | 3年度 | 4年度 | 5年度 | 6年度 | 7年度 | 8年度 | 9年度 | 合計 |
|---|---|---|---|---|---|---|---|---|---|---|
| 減価償却費 | 3 | 3 | 3 | 3 | 3 | 3 | 3 | 3 | 3 | 27 |
| 特別修繕費 | 0 | 0 | 0 | 4 | 4 | 4 | 5 | 5 | 5 | 27 |
| 合計 | 3 | 3 | 3 | 7 | 7 | 7 | 8 | 8 | 8 | 54 |

評価勘定モデル　　　　　　　　　　　　　　　　　　　　　（単位：億円）

|  | 1年度 | 2年度 | 3年度 | 4年度 | 5年度 | 6年度 | 7年度 | 8年度 | 9年度 | 合計 |
|---|---|---|---|---|---|---|---|---|---|---|
| 減価償却費 | 2 | 2 | 2 | 2 | 2 | 2 | 2 | 2 | 2 | 18 |
| 特別修繕費 | 3 | 3 | 3 | 4 | 4 | 4 | 5 | 5 | 5 | 36 |
| 合計 | 5 | 5 | 5 | 6 | 6 | 6 | 7 | 7 | 7 | 54 |

## 6　未発生費用の計上と費用認識基準

　番場説が引当金例示項目をすべて未発生費用に対する引当金と考えているのに対して，阪本説が修繕引当金，特別修繕引当金，賞与引当金，退職給与引当金の繰入額を発生費用と考えていることは上述のとおりである。

　一方，内川はこれらの4項目以外にも①個別方式による貸倒引当金（「個別的な債権について具体的な取立不能の見込額」を繰り入れた貸倒引当金）[35]，②個別方式による製品保証引当金（工事保証引当金[36]），③売上割戻引当金[37]，④返品調整引当金[38]についても発生費用を繰り入れる引当金としている。したがって，内川説

の場合は，注解注 18 の例示項目のうち，一括方式にもとづく貸倒引当金[39]，一括方式にもとづく製品保証引当金（工事補償引当金)[40]が未発生費用に対する引当金となる[41]。

　さて，発生主義を費用認識の基本原則とする期間損益計算体系において，未発生費用を当期に計上するためには，そこに何らかの論拠が必要となる。そしてその論拠についても論者の間で理解は分かれる。

　まず阪本はその論拠を費用収益対応の原則に求め，次のように述べている。「ここにいう会計的論拠とは，当期収益の負担に帰すべき因果関係をもつ未発生の費用の額を見積計上することを許容すべき論拠である。それは期間損益計算上最も重要視される『費用収益対応の原則』によるものである。費用収益対応の原則を，期間的因果対応を要求する原則として理解するとき，すなわち期間費用と期間収益との関係を，経営努力とその効果との関係として理解するとき，当期収益の実現のために要したとみられる費用は，たとえそれが未発生の費用であっても，当期収益のための費用として見積り計上することが許されるのである。……このような費用収益対応の原則によって計上される引当金と認められるものには，次のようなものがある。製品保証引当金，売上割戻引当金，返品調整引当金，工事補償引当金，貸倒引当金などがこれである[42]」。

　しかし，阪本説のこの理解に対して，番場は次のように批判する。「将来発生する損費（将来，本格的に債務が発生したり，資金が流失したりして，損費が現実に発生したことを認識するにいたる，そういう損費）を当年度の負担にしなければならない損費として見積計上するのが引当経理であるが，かかる経理を行う理由は，当年度の期間損益を合理的に計算・開示しようという合理性思考（企業会計をして収益費用の対応原則を十分に満足させるものたらしめようという考慮）に求められるが，すべての引当経理がかかるものとして説明されうるわけではない[43]」。「(1) 会社が自社の役員や大株主の銀行借入金の保証をしている場合に行われる債務保証損失の引当経理　(2) 融資先企業の財政悪化に対処した貸付金回収不能見込額の引当経理　(3) セグメント処分損失の引当経理　(4) 請負工事損失の引当経理　これら引当経理は見積将来費用を各期の収益に対応

させて計上するという合理性思考からは説明がつかない。それは保守主義思考を反映する経理としか説明できないのである」[44,45]。

　一方，内川の説明は次のとおりである。「収益実現以後に発生する費用は，……当期の収益実現のための必然的な手段として，それが発生するのであって，次期以降の将来において実現される収益の……実現のための手段として発生するものではない。……それを将来に発生せしめる必然的な要因は現時点にある，……かかる将来の費用発生を必然的な条件とするのでなければ，当期の収益を実現することは不可能であったということ，要約すれば，将来において費用の発生をともなう収益の獲得が当期において実現している，という事実を理由として，その将来に発生する費用を当期の実現した収益に対応せしめることを可能にする，いわゆる費用発生原因主義が採用されることになる」[46]。

　以上，各論者の引当金の性格規定と適用される費用認識基準を整理すると図表3-9のとおりである[47]。

## 7　引当金の貸借対照表上の性格

　阪本，番場，内川の間で個々の費用の実体に対する理解は異なるものの，いずれの論者も，発生概念の構成にあたって何らかの経済価値の消費の事実を想定している点は同じである。

　ところで，費用の実体を経済価値の消費と定義し，その経済価値の消費時点をもって費用の発生時点と規定するならば，概念上，発生費用の認識は財産上の変動（資産，負債の変化）の認識と同義となる。たとえば資産に生じた減価の認識はそのまま減価償却費や棚卸評価損の認識となり，労働用役（経済価値）の消費にもとづく労務費の発生の認識は，同時に対価の支払義務すなわち未払賃金の発生の認識をともなうことになる（後述するように，退職金の実体を退職金支出—現金という経済価値の消費—，あるいは退職金債務の確定—現金という経済価値の消費の確定—に求める場合には，費用の認識は支出や債務の確定という財産上の変動にもとづくことになる）。

　このように経済価値の消費の事実にもとづいて費用の発生を規定するとき，

図表 3-9　引当金の性格規定と費用認識基準

【阪本説】

| 発生費用 | | 未発生費用 |
|---|---|---|
| 発生主義 | | 費用収益対応の原則 |
| 金額確定費用 | 金額未確定費用 | |
| | 減価償却引当金・賞与引当金<br>退職給与引当金・修繕引当金<br>特別修繕引当金 | 製品保証引当金・売上割戻引当金<br>返品調整引当金・工事補償引当金<br>貸倒引当金 |

【番場説】[48]

| 発生費用 | | 未発生費用 | |
|---|---|---|---|
| 発生主義 | | 費用収益対応の原則 | 保守主義 |
| 金額確定費用 | 金額未確定費用 | | |
| | 減価償却累計額<br>棚卸評価切下額 | 製品保証引当金<br>売上割戻引当金<br>返品調整引当金<br>工事補償引当金<br>貸倒引当金<br>債務保証損失引当金 | セグメント処分損失引当金<br>工事移転損失引当金<br>買付契約損失引当金<br>請負工事損失引当金<br>貸倒引当金<br>債務保証損失引当金 |

【内川説】[49]

| 発生費用 | 未発生費用 |
|---|---|
| 費用発生主義 | 費用原因発生主義 |
| 減価償却累計額・未払賞与・未払退職給与<br>未払売上割戻金・繰延修繕費・繰延特別修繕費<br>貸倒見積額・未払債務保証金・未払補償費見積額 | 製品保証引当金<br>工事保証引当金<br>貸倒引当金<br>返品調整引当金 |

費用の発生と財産上の変動は表裏一体の関係となるが，このことをいいかえれば，未発生費用を計上することは，まさにここでいう財産上の変動の裏付けのない費用を計上するということにほかならない。つまり，既発生費用の計上と未発生費用の計上の間には，

　①既発生費用の計上＝財産上の変動に裏付けられた費用の計上

　②未発生費用の計上＝財産上の変動の裏付けのない費用の計上

という関係が成立する。

　そこで問題となるのが，これらの費用の計上に対応して貸方に計上される貸借対照表項目の性格である。そしてこの問題は，次の2つの問題に分かれる。ひとつはすでに減価償却引当金（累計額）の性格論争で明らかにされたように，引当金という用語の使用範囲であり，いまひとつは，引当金の貸借対照表における表示方法である。

　まず前者については，すでに確認したように阪本は①②のいずれの場合においても，費用の計上金額が見積額であるかぎり引当金勘定を用いるべきであるとしている。これは阪本説が引当金設定の第一義的機能を当期帰属費用の計上に置き，そしてその費用の質的差異を金額の確定，未確定に求めているからである。阪本説は，費用の認識と測定の区別の重要性を強調し，前者の認識については計算の「正確性」，後者の測定については計算の「確実性」の観点から会計上の諸概念を構成している。この場合，発生費用であろうと未発生費用であろうと，期間損益計算上の正確性の観点から見ると，特定の費用を当期帰属費用として認識した時点で費用の発生，未発生という質的差異は消滅する。それによって残されるのが金額の確定，未確定の違いであり，阪本説はこの点を期間損益計算上の確実性にかかわる問題として重視しているものと思われる。

　しかし，このことは費用の背後にある財産上の変動の発生，未発生という財政状態表示上の差異を無視する結果になる。内川説あるいは番場説が批判しているのもまさにこの点であり，引当金勘定の使用を未発生費用の計上に限定するのはこの財政状態表示上の差異を重視するからにほかならないと考える。なお，未発生費用を計上する引当金は，将来発生する財産上の変動に置き代わる暫定的な貸借対照表項目となる。その際，①に属する貸借対照表項目と②に属する貸借対照表項目の質的差異を一層鮮明にするためには，①に属する項目は，その金額にいくら見積りの要素が介入しようと，引当金ではなく，評価勘定，未払金あるいは未払費用とする表示方法が選択肢の1つとなる。

　次に引当金の貸借対照表における表示区分の問題である。阪本説も番場説も引当金を資産の部あるいは負債の部に計上することは所与のこととされている

ようである。たとえば番場によると「注解注18の引当金は次年度以降に確定債務に転化するもの（確定債務の勘定に振り替えられるもの），あるいは確定的損失となって資産勘定と相殺されて消滅するものであるから，当年度末には残高があらわれているのが普通である。多くの引当金の残高は貸借対照表の負債の部に記載される。ただし貸倒引当金は売掛金その他債権からの控除項目として開示される[52]」。このように，大半の会計学者や実務家にとって，引当ての対象となる費用が将来債務の確定ないし支出の形で発生する引当金はこれを負債の部に計上し，引当ての対象となる費用が，将来，既存の資産の減価となって発生する場合は，これに備えた引当金を当該資産から控除する形で表示することは，もはや疑問の余地のないことのようである。つまりそこでは対象となる費用が将来いかなる形で決着するかという点が引当金の表示区分を決定する唯一の基準とされており，その結果，すでに発生している財産上の変化を表す項目と引当金の間において表示上の実質的な差異はないものとなっている。

　しかし貸借対照表が表示すべき財政状態は，将来の財産上の変動を加味したものではなく，決算日までに生起した財産上の変動の結果でなければならないという立場もあり得る。そのような立場からすれば，上記①の発生費用の計上に当たって計上される貸方項目は，決算日までに生起している財産上の変動，すなわち資産の減価や負債の存在を表す項目となるのに対して，②の未発生費用の計上に伴って計上される貸方項目は，このいずれにも属さない項目となるため，その貸借対照表上の性格が改めて検討されなければならないことになる。このような立場から，引当金の貸借対照表上の性格規定を行っているのが内川説である。

　さて，図表3-9に示されているように，内川説が引当金としてその設定の必要性を認めている項目は，一括方式に基づく貸倒引当金と製品保証引当金（工事補償引当金），返品調整引当金だけである。そしてこれらの貸借対照表上の性格について内川は次のように述べている。

　「企業の経営過程においては，利益の取得を目的として，まず，ある価値量が消費され，ついで，その価値量の費消を手段として，より多くの価値量が取

得される。ところが，企業経営のある場合には，かかる価値量の費消は，その価値量の取得される以前において行われるだけではなく，それ以後においても，その価値量取得のための必然的な手段として行われることがある。したがって，かかる場合の利益計算においては，その実現された収益から，この収益実現以前に発生する費用のみならず，収益実現以後に発生する費用をも，あわせて差し引くのでなければ，その経営過程において取得された利益を的確に算出することにはならない。……ところが，……費用発生主義によっては，……これを当期の費用としてとらえることはできない。……しかし，それを将来に発生せしめる必然的な要因は現時点にある，すなわち，かかる将来の費用発生を必然的な条件とするのでなければ，当期の収益を実現することは不可能であったということ……を理由として，その将来に発生する費用を当期の実現した収益に対応せしめることを可能にする，いわゆる費用発生原因主義が採用されることになる[53]」。ただし，これらの「引当金項目の企業会計上の性格は，……現実に発生している当該債権額の減少部分をあらわすものでもなければ，現実に負担している製品の補償義務をあらわしているものでもない，それとは別個の，当期に実現された収益から控除されるべき，その収益実現のために必要な将来の費用発生額の見積額であって，その見積計上額だけ当期の収益は自由に処分しうる利益とはならずに，将来の費用発生にともなうそれの支払準備のために拘束された自己資本部分，つまり，収益控除性の処分可能の利益からは区別された自己資本の一部として，貸借対照表の資本の部に計上されるべき項目であると結論されることになる[54]」。もっとも「これらの四項目に代表される収益控除性の引当金を利益性引当金と呼ぶときには，さきの利益剰余金もしくは留保利益に属すべき部分を引当金として処理した場合の利益性引当金と同一名称となり，両者の質的差異を明らかにすることが不可能となるがゆえに，その混同をさけるためには，前者の収益控除性の引当金は，これを資本性引当金と呼ぶことによって，後者の利益性引当金から区別するとともに，また，それが負債的性格をもつものではないという意味で，負債性引当金から区別するということも，一つの適切な会計処理の方法であると考える[55]」。

　以上の論述に示されているように，内川説は，上記4項目の引当金繰入額の当期費用性は認めながら，引当金それ自体の資産控除性あるいは負債性は否定する。そして引当金の支払準備性だけを抽出して，これを積立金と同様に資本の部に計上すべき貸方項目と規定している（図表3-10）。

### 図表3-10　資本性引当金の論理構造

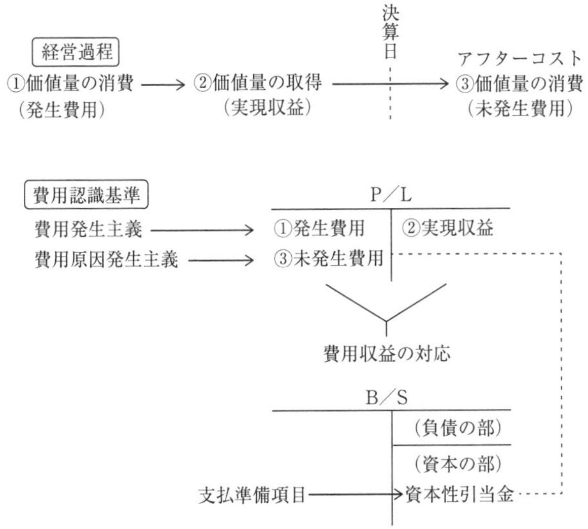

## 第3節　引当金会計理論のフレームワーク

### 1　財貨動態と貨幣動態

　前節で整理した各論者の論理構成を比較するとき，阪本，内川両氏と番場との間で費用概念をめぐって著しい差異があることがわかる。たとえば退職給与引当金の繰入額である労務費についてみた場合，阪本説と内川説は労働用役の消費をもって労務費の発生と考えているのに対して，番場説の場合は，基本的に退職金の支出時点で労務費が発生する。

　また，修繕引当金に関しても，阪本説が固定資産に発生した減価（修繕によ

って回復可能な減価）を修繕費とし，また，内川説が修繕ために投下した資本価値の減耗を修繕費とすることで，タイミングは異なるものの，いずれも固定資産の使用によって修繕費が発生すると理解しているのに対して，番場説の場合は固定資産の使用時点では修繕費は発生せず，現実に修繕作業を行った時点で修繕費が発生するものとしている。そこで阪本，内川両氏からは，この番場説の費用認識基準あるいは費用概念に対して次のような批判あるいは疑問が提起されることになる。

まず阪本は次のように述べている。「（番場説の—引用者—）発生の概念は教授独自の見解によって規定されており，……費用についてもその発生は支払の義務の発生時又は金額的に確実化する時点とするように拡張解釈されているようである。その具体例は，教授が修繕費の発生は修繕の実施によるものとか，退職給与費の発生は従業員の退職という事象によるとか強調されていて，財の経済価値の減耗とか従業員の労働用益の消費とかの事実に眼を蔽っておられることによって明らかである[57]」。「収益や費用を現金の収支に係わらしめて認識したり，現金収支の権利義務の生起に係わらしめて認識することは，現金主義あるいは半発生主義会計の基準をとることを意味する。このような基準をもって発生の概念を説明するとすれば，それは発生の概念を不当に広く拡張するものであると考えられる[58]」。

一方，内川の疑問は以下のとおりである。「番場教授の……『経済価値の費消』という意味は，……教授独自の思考ものとにそれがとらえられているように受け取られる。……教授のこの説明によると，『経済価値の費消』とは，……労働用役の費消あるいは固定資産価値またはそれの物理的能力の減耗という事実を指しているのではなく，それらを原因として，……価値額の流出ないし費消する事実をもって，『費用の発生』としてとらえておられるのである[59]」。そうすると「従業員が将来退職するときに発生する費用を……各期間へ配分（することを）……根拠づける……各期間における従業員の提供する労働用役の費消という事実は，これをどうとらえたらよいのか[60]」，「教授が，ここで『修繕材料の消費，修繕工労働の利用，修繕業者のサービスの利用』という事実を『修繕

作業によって惹起される経済価値の費消』としてとらえられる場合，この一方
における経済価値の費消によって，他方においては，減耗した固定資産価値の
元の状態への回復がおこなわれて，修繕の実施される以前に比べて，それだ
け，固定資産価値もしくは生産能率ないし物理的能力の増加という事実が認識
されるはずである[61]」から，修繕の実施そのものは費用の発生ではなく，交換取
引となる。

　さて，同じ発生主義会計という用語を用いながら，このような対立が生じる
のはなぜであろうか。それは，発生主義に対する番場の理解の仕方に原因があ
るのではなく，阪本，内川両氏と番場の間で，費用概念そのものが大きく異な
っていることに根本的な原因があると考える。

　具体的には，阪本，内川両氏が「経済価値の費消」というときの経済価値を
労働用役，固定資産価値，あるいは修繕によって追加投資された価値に求めて
いるのに対して，番場はこの経済価値を基本的に現金等価物の価値と考えてい
るのではなかろうか。またこのように考えるとき番場説の説明は理解可能なも
のになる。

　たとえば退職給付会計についてみた場合，現金等価物の流出を経済価値の消
費と考えるならば，退職金費用は従業員の就業時に発生するのではなく，退職
金の支給時点で発生することとなる[62]。ただしこの場合においても，「退職費の
全額を退職の事実が発生した日の属する年度の損費と考えることは妥当でな
い。従業員が将来退職するときに発生する費用を見積って当該従業員の勤務し
ている各期間に配分することが合理的な期間損益計算にとって不可欠である[63]」。
そのため会計処理上は退職金費用の発生に先立って，その見積額を従業員の就
業年度にわたって前配賦することになる。番場は，このような会計処理を，現
金支出時点で費用を計上するのではないという意味で発生主義会計とよんでい
るものと思われる。

　この点は修繕費の場合にも当てはまる。つまり番場説の「将来発生する修繕
費（将来実施する修繕作業によって惹起される経済価値の費消）」という論述にあ
る「経済価値」を現金等価物の価値と解釈すれば，修繕費は，固定設備の

wear and tear を回復するために消費される現金等価物の価値，現象的には「修繕作業のために修繕用の材料が倉出しされ，修繕工の労力が消費され，修繕業者のサービスが利用される[64]」ことによって現金が企業外へ流出する事実を指すことになる。もちろんこの場合においても，将来の修繕費の全額を修繕年度に負担させるのは合理的でない。そのため修繕の原因となる固定設備のwear and tear が発生した年度に，その見積額を前配賦する会計処理がおこなわれることになる。

　ところで費用の実体を財・サービスの価値の消費と考えるか，それとも財・サービスの取得に要した現金等価物の価値の消費と考えるかによって，そこには期間損益計算をめぐる別個の理論体系が構築される（図表3-11）。

　井上良二は，この2つの思考を「財貨動態」思考と「貨幣動態」思考の対立として簡潔に整理したうえで，注解注18が貨幣動態思考に基づいているとの観点から次のように述べている。

　「財貨動態では，価値犠牲の下で新たな価値の創造を行う組織体を企業と捉え，そこでの経営活動を価値の費消生活とそれに基づく価値の創造活動と解したのであった。このことから犠牲を意味する費用は他企業あるいは他者によって企業に提供された財貨・用役の価値の費消であることになろう。……貨幣動態ではどうであろうか。この視点の下では，企業は貨幣増殖のための組織体であり，そこでの活動は貨幣資本の循環活動と解されるのであった[65]」。「財貨動態の場合には財・用役そのものの価値の費消であったが，貨幣動態と見る視点での費用はそこに投下されていた貨幣資本（貨幣資金）の価値の費消なのである。……しかし，貨幣動態において費用は財・用役そのものの価値の費消を手

**図表3-11　財貨動態思考と貨幣動態思考**

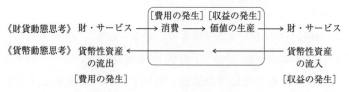

段として，貨幣資本（貨幣資金）の価値の費消を認識せざるを得ないという事情のために，その認識の基準は財貨動態の場合と同様に，発生主義とならざるを得ないのである[66]」。注解注 18 の引当金繰入額の場合，「貨幣動態によれば，この場合の費用又は損失は支出価値，すなわち将来において払い出される貨幣性資産の価値の費消（又は収入価値の減少）を意味する。退職給与引当金を例にとれば，それへの繰入額は将来の退職金支払による貨幣性資産の価値の減少であることになる。……各期間における退職給与引当金繰入額は，この将来における退職金という貨幣価値減少としての費用を前倒しして計上しているもの以外の何物でもない。……財貨動態の視点での引当金繰入額は現に保有している財あるいは将来保有する財・用役の将来での費消を当期に費用計上するものである。……もし，退職金が当期の労働用役費消に対する給料・賃金の過小支払分を退職時に一括して支払うものを意味し，当期繰入額が労働用役既費消分を意味するものであると解するならば，それは財貨動態の視点を採用していることになる。……それ故，ここでの繰入額という費用は当期において現実に費消してしまった労働用役に対するものとなってしまうのである。それは将来の費用ではなく，当該期間に発生した費用である。したがって，引当金繰入額としての要件を満たさないのである。このことから，この種の引当金を未払費用と解すべきだとする考え方が生ずるのである。……貨幣動態にあってはこの問題は回避可能である。費用そのものは退職金として支払われる貨幣性資産の価値の費消であるからである。上述のように各期間にこれを前倒しするに際しての認識は労働用役の費消を手段とせざるを得ないが，労働用役の費消そのものは決して費用ではないからである。したがって，貨幣動態の視点に徹する限り，退職給与引当金は引当金以外のものではあり得ないのである[67]」。

　ここで井上が指摘しているように，注解注 18 が貨幣動態思考をとっており，またこれが当時の企業会計審議会の会長であった番場説の思考を反映したものであるならば，番場と財貨動態思考の阪本，内川両氏の議論が根本的に相いれない（噛み合わない）のは当然の成り行きともいえよう。

## 2　収益費用中心観と資産負債中心観

　さて，阪本説も内川説も，ともに財貨動態思考を採用しながら，前節で整理したように，阪本説が引当金の論理構成において，相手勘定である費用の性格に専ら重点を置き，引当金自体の貸借対照表上の性格をあまり問題としていないのに対して，内川説は資本性引当金の説明にも見られるように，費用の相手勘定を財政状態表示の観点から厳密に区別している。

　また，阪本説が費用の認識と測定を切り放し，修繕費の実体を固定資産に生じた減価に求めながら，その測定基礎は将来の修繕支出に求めていることに対しても，内川は「認識と測定とは厳重に区別されなければならないけれども，しかし，この認識の対象と測定の対象は同一物，つまり，認識された対象についての測定がおこなわれなければならないのであって，認識された対象とは関係のない別個の対象について測定が行われてはならない，と考える[68]」と批判を加えている。

　さらに，阪本説が退職給与引当金繰入額の計算方法として，将来の退職給付額見積額を，従業員の勤続年数間の給与総額見積額と該当年度の給与額の比率で配分する「将来支給額予測法式」の使用を前提として議論を進めているのに対して，内川説は期末時点までの未払退職給付の累積額を表す期末要支給額にもとづいた「期末要支給額計上方式」の使用を前提としている。

　このように両氏は基本的に同じ費用概念を出発点としながら，なぜ個別項目の会計処理をめぐって対立が生じるのであろうか。

　ところで，FASB が 1976 年に公表した討議資料は，期間損益計算に対するアプローチの違いを，利益計算書と財政状態表の連携を前提とした「収益費用中心観」と「資産負債中心観」，そして両者の連携を前提としない「非連携」の3つに集約している。ここで「連携とは，共通の一組の勘定と測定値によって生じる利益計算書と財政状態表の相互関係のことをいう。連携した財務諸表においては，稼得利益は純資産の増加となり，反対に，ある種の純資産の増加は稼得利益として表現される。もし財務諸表が連携していなければ，稼得利益は資産負債の測定やその属性の変化とは別個に測定され，そして稼得利益が必ず

## 図表3-12　複式簿記の基本等式

期首財政状態表：期首資産＝期首負債＋期首資本・・①

期中取引：（資産の増加－資産の減少）＋費用の発生

　＝（負債の増加－負債の減少）＋（資本の増加－資本の減少）＋収益の発生・・②

残高試算表：期末資産＋費用発生額＝期末負債＋期首資本＋収益発生額・・③（①＋②）

精算表：（期末資産－期末負債）－期首資本＝［当期損益］＝収益発生額－費用発生額・・④

|　　　　　　財政状態表　　　　　　|　　　利益計算書　　　|

しも純資産の変化ということにはならない[69]」。

　ただしここでいう収益費用中心観と資産負債中心観は単なる計算形式としての損益法，財産法を意味しているわけではない。図表3-12の複式簿記の基本構造を表した一連の等式に示されているように（特に④），利益計算表（損益計算書）と財政状態表（貸借対照表）の連携を前提とするとき，利益計算における収益あるいは費用の認識計上は財政状態表における資産あるいは負債の増減の記録を伴い，逆に，財政状態表における資産，負債の一方的な増減（すなわち交換取引以外の資産，負債の増減）の認識は利益計算表における収益あるいは費用の計上を伴うことになる。したがって財務諸表の連携を前提とする限り，両者はコインの裏表の関係となり，そこに計算される利益額は当然一致する。

　もっともそれは同一の計算体系内において成立する損益法と財産法の一致を意味しているにすぎず，計算体系が異なれば，その体系間で利益額が異なってくることに注意しなければならない。この実質的な意味での計算体系の違い，いいかえれば期間損益計算思考における重点の置き所の違いを集約的に表現しているのが，先の収益費用中心観と資産負債中心観である。

　具体的には，収益費用中心観はフローの測定を中心に置いた収益費用の対応を基調とする損益計算思考であり，ここでの利益は「一定期間の収益と費用の差額と定義[70]」される。そしてこの中心観の「主たる関心事は企業の利益の測定であり」，「資産と負債の測定は，一般に利益測定過程の必要によって決定される。そのため収益費用中心観を反映する貸借対照表には，資産，負債，あるいはその他の要素として，企業の経済的資源，あるいは他の実体に資源を移転す

図表3-13　2つの中心観と資産，負債の範囲

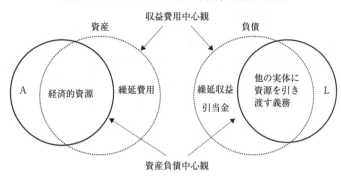

る責務を表さない項目[71]」，具体的には「収益と費用の適正な対応」をおこなうための「繰延費用や繰延収益あるいは引当金[72]」が含まれてくる（図表3-13[73]）。

　つまり収益費用中心観では，「鍵概念[74]」である収益と費用が資産，負債の変動から切り離した形で独自に定義され[75]，そしてその収益，費用の認識測定の過程で生じる相手勘定は，それが「企業の経済的資源」や「これを他の実体に移転する責務」を表しているか否かにかかわらず自動的に貸借対照表に収容される計算構造となっている。そのため，この中心観における損益計算は，ストックとしての企業の経済的資源やこれを他の実体に移転する責務の存在に拘束されることなく，その計算は相当弾力的なものになりうる[76]。

　一方，資産負債中心観は，資本取引以外の「正味資産の増加分の測定値[77]」を利益（したがって減少分の測定値を損失）とする計算構造である。その際，正味資産は資産，負債の変動の結果として増減するため，利益の積極要素である「収益は，その期の資産の増加，負債の減少を通じて」定義され，利益の消極要素である「費用は，その期の資産の減少，負債の増加を通じて定義される」ことになる[78]。つまり，収益費用中心観では従属変数として扱われた資産，負債がこの中心観では独立変数となり，資産，負債の定義が損益計算の実質的内容を規定することになる。

　その際，資産，負債は実在勘定であることから，その定義は何らかのストッ

クの存在を予定しなければならない。FASB はこの点について「個々の資産は企業の経済的資源を財務的に表現したものでなければならず，個々の負債は当該企業が資源を他の実体に移転する責務を財務的に表現したものでなければならない[79]」としている。いずれにしても資産負債中心観のもとでは，ストックの変動に裏付けられた証拠能力の高い利益が算定される一方，その利益はストックの変動を受けてしばしば大きく変動することになる[80]。

## 3  2つの中心観と引当金の処理方法

　さて，以上2つの中心観の対比を通じて個々の引当金項目に対する各論者の論理構成をみていくとき，次のような整理が可能になるであろう。

　まず退職給付会計の場合，引当金繰入額の計算方法である将来支給額予測方式は，①将来の退職給付見積額，②従業員の全勤続期間における給与総額の見積額，③当期の従業員の給与額というのいずれもフローの金額を計算要素とするものであり，したがって明らかに収益費用中心観に属する方法となる。

　これに対して期末要支給額計上方式は，労働協約などに基づいて計算される負債額，すなわち退職給付に係る未払賃金の累積額（期末要支給額）の増加額を繰入額とするものであるから，資産負債中心観である。

　次に特別修繕会計についてみるならば，将来の修繕費の見積額を当該固定資産の使用年度に事前に配分する修繕支出見積額の前配賦法は，既存の固定資産に生じた減価に着目し，その測定をおこなうものではない。また修繕業者等に対する支払義務が何ら存在していない時点で引当金を負債として計上する方式であるため収益費用中心観となる。この点は費用計上の根拠を論理上固定資産の減価に求める場合にあっても同様である。

　一方，固定資産の取得原価のうち将来取替の対象となる特別修繕対象部分にすでに発生した減価（要修繕減価）を見積計上する評価勘定方式，あるいは，特別修繕によって追加された価値の減耗分を費用として見積計上する繰延資産方式は，資産に生じている減価を費用として認識するものであるから，資産負債中心観に分類される。

　さらに製品保証会計の場合，個別方式にもとづいてすでに発生している製品保証義務を見積計上する方式は，製品保証義務（負債）の発生を根拠として費用を認識する点で資産負債中心観に属す。これに対して，一括方式は製品保証義務が存在しない時点で将来発生する製品保証費用を見積計上する方式であるから収益費用中心観に分類される。

　なお，資本性引当金説は，期間損益計算目的（費用収益対応の観点）から一括方式にもとづく引当金繰入額の当期費用性を認めつつ，負債が存在していないこと，あるいは資産の減価が発生していないことを理由として相手勘定である引当金を資本の部に計上する思考である。この処理方法は，「共通の一組の勘定と測定値」が損益計算書と貸借対照表を結びつけている点で連携を前提として，負債あるいは資産の減価が発生する前に，費用を見積計上する点で収益費用中心観に属するということもできる。しかし資本性引当金説は「費用の計上－資本の増加」の取引となり，損益計算書上の利益額と貸借対照表上の純資産の増加額が一致しない。この点を強調すれば資本性引当金説は非連携の一種ということができよう[81]（図表3-14）。

**図表3-14　非連携としての資本性引当金説**

［設例］当期売上高　100，　売上原価　60，　製品保証見積額　10

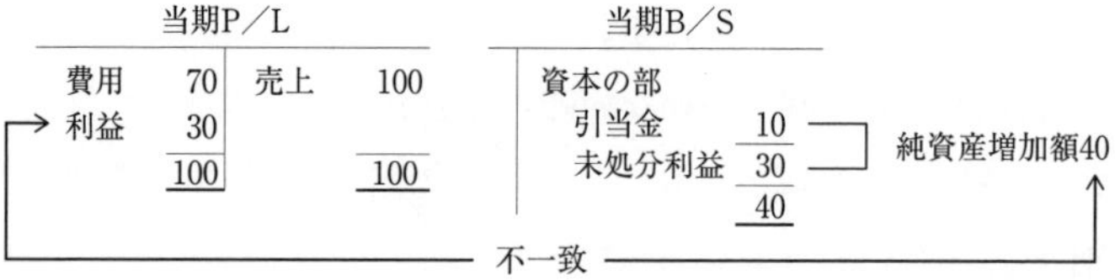

当期P／L

| 費用 | 70 | 売上 | 100 |
| 利益 | 30 | | |
| | 100 | | 100 |

当期B／S

| 資本の部 | |
| 引当金 | 10 |
| 未処分利益 | 30 |
| | 40 |

純資産増加額40

不一致

## 第4節　論争の評価

　本章では，昭和57年の企業会計原則修正を契機に展開された引当金論争を
跡づけながら各論者の主張を整理し，それによって，これらの対立の根底に存
在している期間損益計算思考の違いを析出してきた。その際，各々の思考の違
いを明確にするために，ここでは「財貨動態思考」対「貨幣動態思考」，およ
び「収益費用中心観」対「資産負債中心観」の2つの対立軸を設定した。ここ
で改めて各論者の期間損益観の違いをマトリックスによって位置づけると概ね
図表3-15のようになるものと思われる[82]。

　さて，今回の引当金論争は発生主義の解釈，費用の実体に対する理解が論者
によって決して一様ではないこと，また個別項目の会計処理にも多様な方法が
可能であることを明らかにした。その際，個々のテーマごとに阪本，番場，内
川3氏の対立関係が入れ替わり，1つとして全員の一致をみたものはない。し
かしそれは偶然の産物ではなく，図表3-15に示されているように，それぞれ
の期間損益計算思考が三竦みの状態にあることの論理的帰結である。つまり，
冒頭で述べたように，表面上は個々の引当金項目の会計処理をめぐる論争であ
っても，深層ではそれぞれが一定の理論体系を備えた期間損益計算思考の対立
になっている。とすれば，引当金論争が容易に決着を見ないばかりか，機会あ
るごとに対立が再燃し，その度に各々の主張が繰り返されるのはむしろ当然の

図表3-15　阪本，番場，内川の期間損益計算思考

|  | 収益費用中心観 | 資産負債中心観 | 非連携 |
|---|---|---|---|
| 財貨動態思考 | 阪本説 | 内川説 | 内川説 |
| 貨幣動態思考 | 番場説 | 現金主義会計 | |

ことといえるであろう。

　引当金論争は究極的には対立する期間損益計算思考の選択の問題となる。その優劣は，個々の計算体系のもつ現実的機能と，その時代の社会的要請によって自ずと決せられることになろう。

1　改正前の企業会計原則注解注 18（昭和 49 年）は引当金の設定要件を次のように規定していた。「負債性引当金について（B/S 原則 4 の（二）の A の 3 項及び B の 2 項）将来において特定の費用（又は収益の控除たる）支出が確実に起ると予想され，当該支出の原因となる事実が当期においてすでに存在しており，当該支出の金額を合理的に見積ることができる場合には，その年度の収益の負担に属する金額を負債性引当金として計上し，特定引当金と区別しなければならない」。

2　企業会計原則審議会「負債性引当金等に係る企業会計原則注解の修正に関する解釈指針」（昭和 57 年）。

3　古谷允寿，遠藤孝，細田末吉の議論については以下の論文を参照されたい。
　　古谷允寿「減価償却引当金は引当金ではないのか」『産業経理』第 44 巻第 1 号，1984年，87-94 頁。
　　遠藤孝「引当金概念と発生主義」『会計ジャーナル』第 17 巻第 5 号，1985 年，8-15頁。
　　古谷允寿「修繕引当金の本質」『産業経理』第 46 巻第 2 号，1986 年，35-42 頁。
　　細田末吉「最近の引当金論争とその基本的問題点」『産業経理』第 46 巻第 4 号，1987年，94-103 頁。

4　スタディ・グループ「会計基礎概念　昭和 58 年度中間報告」，4 頁。

5　阪本安一「企業会計上の引当金―商法の論理と企業会計の論理」『企業会計』第 34 巻第 8 号，1982 年，41。阪本は，また「すでに発生しているとみられるものは，その発生の確率が最も高いものであって，しかもその金額が未確定ないし見積りによるものである場合に，これを引当金に計上することを拒むべき理由は，何ら発見することができないのである」とも述べている（同論文，40 頁）。

6　番場嘉一郎「企業会計における最近の論点」『税経通信』第 38 巻第 14 号，1983 年，3 頁。

7　「確実性とは，会計上に計上する金額が確定的であって，誤りがないことを意味する」（阪本安一「会計上における認識と測定」『會計』第 127 巻第 5 号，1985 年，3 頁）。

8　内川菊義「発生主義と引当金―阪本・番場両教授の論争によせて―」『會計』第 127巻第 2 号，1985a 年，19 頁。

9　同論文，19 頁。

10　スタディ・グループ，前掲書，4-5 頁。

11　「注解注 18 第 2 項に具体的に例示されている引当金をみても，その中には多くの発生
　　費用とみられるものの引当金がある。賞与引当金，退職給与引当金，修繕引当金，特別
　　修繕引当金は，何れもすでにその発生が認識される費用に対する見積額を，当期収益に
　　負担させるために計上した引当金であると考えられる」(阪本安一，前掲論文 (1982
　　年)，41-42 頁)。

12　番場嘉一郎「新企業会計原則の公表とその意義」『企業会計』第 34 巻第 6 号，1982
　　年，75-76 頁。

13　阪本安一，前掲論文 (1982 年)，42 頁。

14　同論文，42-43 頁。

15　内川菊義「商法上の引当金規定と会計上の引当金」『企業会計』第 34 巻第 8 号，
　　1982b 年，55 頁。

16　番場は，この点を次のように説明している。「従業員賞与や退職給与の年度末債務を
　　既発生の見積費用を計上する際の貸方項目と見るか，未発生の見積将来費用を計上する
　　際の貸方項目と見るかについては，次のような判断基準が適用されるべきである (A)
　　6 月初旬に支給する賞与の額が決算日 (3 月末日) 後に判明する当期利益のデータを踏
　　まえ，使用者と従業員組合との折衝をへて決定される場合には，賞与の額の大小は事後
　　事象が決め手となるので，3 月末決算で計上する賞与債務はこれを引当金として表現す
　　べきである。(B) 賞与のベースが前年 12 月の使用者と従業員組合との年間協定によっ
　　て決定されているような場合には，当年 3 月末決算に計上し，6 月中に支給する賞与の
　　見積概算額は未払費用として表現すべきである」(番場嘉一郎，前掲論文 (1983 年)，5
　　頁)。
　　　しかし阪本はこの説明に対して，次のような批判を加えている。「われわれは今日の
　　企業における退職給与は，従業員の労働用益が長期にわたって提供されるとき，通常，
　　労働協約あるいは就業規則に定める一定の契約条項に基づいて，従業員の退職時に支払
　　われる後払賃金の一種であるとみる」。「企業利益が大きくなれば，退職金の額もこれに
　　比例して大きくなるという利益分配的性格をもつ退職金は，主として役員退職金につい
　　て妥当する見解であって，一般従業員については，その給与水準や勤続年数に比例させ
　　て支給倍率を決定するのが普通である」。「企業会計審議会では，従業員賞与をもって将
　　来事象に基づいて発生する費用と考えていると説明されている。しかしこの場合，将来
　　事象とはいかなる事象をさしているのか，やや不明確である。あるいはこれをもって使
　　用者と従業員組合とのその都度における折衝と理解すべきか，又は企業利益の確定とい
　　う事実をさすのであるか，理解し難いのである」(阪本安一「発生主義会計と引当金の
　　概念」『税経通信』第 39 巻第 3 号，1984a 年，6-8 頁)。

17　番場嘉一郎，前掲論文 (1983 年)，5-6 頁。

18　番場嘉一郎「企業会計における最近の論点 (3)」『税経通信』第 39 巻第 5 号，1984b

年，6頁。

19 番場嘉一郎「企業会計における最近の論点（続）」『税経通信』第39巻第4号，1984a年，2頁。

20 内川菊義「企業会計原則の一部修正と引当金」『會計』第122巻第2号，1982a年，59頁。

21 阪本安一，前掲論文（1985年），7頁。

22 番場説による退職給与引当金繰入額の計算方法の説明については，番場嘉一郎，前掲論文（1983年），6-7頁を参照されたい。

23 「将来支給額予測法式」「期末要支給額計上方式」の詳細については，企業会計審議会「企業会計上の個別問題に関する意見＜企業会計上の個別問題に関する意見第二＞退職給与引当金の設定について」（昭和43年）を参照されたい。

24 詳細については，内川菊義，前掲論文（1985a年），26-29頁を参照されたい。

25 阪本安一，前掲論文（1982年），42頁。

26 阪本安一，前掲論文（1984a年），4-5頁。

27 阪本説が修繕費の測定基礎を将来の修繕支出に求めていることに対して，内川説は概略次のような批判と疑問を提示している。まず，修繕費の実体を固定資産の減価に求めるのであれば，修繕引当金は「減価償却引当金と同様に，取得した固定資産の減少額を表示する評価勘定」になるはずである。にもかかわらず，「一方は評価性引当金であり，他方は負債性引当金であると区別される理由はいったいどこにあるのか」。また減価償却費を回復不能な減価，修繕費を回復可能な減価と理解するならば，固定資産の取得原価はこの2つの部分に分割した上で，修繕によっても原状回復が不可能な部分を減価償却の対象とし，一方の「修繕による原状回復可能な部分は修繕引当金の対象」としなければならいはずである。しかし，阪本は取得原価の全額に対して減価償却引当金を設定し，さらに修繕引当金を設定しようとされるのであるから，それは「修繕費と減価償却費が二重に計上される結果となり，いわゆる費用の二重計上という批判が加えられることになる」（内川菊義，前掲論文（1985a年），23-26頁）。内川説のこの批判は後述する評価勘定説に結び付く。

28 番場嘉一郎，前掲論文（1984b年），4頁。

29 同論文，5頁。

30 これに対して阪本は「修繕費は……修繕の実施によって発生するものと説明することは，財の経済価値の減耗事象の認識という発生主義の認識基準と，減耗した財の経済価値の測定基準としての収支基準とを混同しているものではないかと思う次第である」と述べている（阪本安一，前掲論文（1984a年），6頁）。

31 内川は，番場説のこの思考に対して次のような批判を加えている。まず，修繕作業にともなう「経済価値の費消によって，他方においては，減耗した固定資産価値の元の状態への回復，あるいは，減退した生産能率ないし物理的能力の元の状態への回復が行わ

れて，修繕の実施される以前に比べて，それだけ，固定資産価値もしくは生産能率ない
し物理的能力の増加という事実が認識されるはずである」。このことを考慮に入れると
「番場教授が，修繕作業の実施によって惹起される経済価値の費消という側面のみを問
題とされ，それとの対応において新たに発生した固定資産価値，もしくは，それの生
産能率ないし物理的能力の増加という側面をまったく問題視されないということは，ち
ょうど，耐用年数の終了後の新たなる固定資産の建設に際して，その建設のために使用
される諸経済価値の費消という側面のみを取り上げて，それらの費消との対応において
新たに建設された固定資産価値，および，それの生産能率ないし物理的能力の増加とい
う側面をまったく問題視されないというのと，同一の思考過程に陥る結果となるように
考えられる」（内川菊義「引当金会計と発生主義―番場・阪本両教授の論争によせて―」
『會計』第129巻第1号，1986年，76-77頁）。

32　同論文，75頁。

33　同論文，77頁。

34　詳しくは，松本敏史「新企業会計原則引当金規定と修繕引当金」『會計』第125巻第
　4号，1984年を参照されたい。

35　この場合の貸倒見積額は期末の不良債権（手形交換所からの取引の停止処分，天災事
　故の発生によって債務者が多大の損害を被ったことなどによって，債権の回収不能がほ
　ぼ確実に見込まれる債権）に対するものであり，債権は当期においてすでに減価してい
　ると考えられる。したがってこの場合の貸倒引当金は評価勘定として当該債権額から控
　除形式で表示することになる（内川菊義，前掲論文（1982a年），61-66頁）。

36　これは「製品の修繕あるいは取替を行った結果，それと同種類ないし同機種の製品
　は，その大部分あるいはほとんどすべてが，製造過程中のなんらかの欠陥のために，同
　様の修繕あるいは取替を要するということが判明した場合に」設定される引当金であ
　り，すでに補修義務が発生していることから，引当金としてではなく，「見積未払補償
　費」あるいは「未払補償費見積額」などの名称で，未払費用の一項目として計上すべき
　であると述べている（同論文，63-66頁）。

37　内川菊義，前掲論文（1982b年），55頁。

38　内川菊義『引当金会計論（改訂増補版）』森山書店，1983年，279-288頁。

39　同種の集団的な金銭債権について，従来の経験や調査により平均的な取立不能の見込
　額を繰り入れる場合の貸倒引当金（内川菊義，前掲論文（1982a年），61頁）。

40　期末までに故障が発生していない製品に対して見積もられた補修費を繰り入れる場合
　の製品補償引当金（同論文，64頁）。

41　引当金の例示項目には，このほかに債務保証損失引当金，損害補償損失引当金がある
　が，内川は前者を利益控除性の引当金とし，後者については設定そのものを社会的公正
　に反するものとして，その設定を否定している（内川菊義，前掲書，279-298頁）。

42　阪本安一，前掲論文（1982年），41頁。

43 番場嘉一郎，前掲論文（1984a 年），2 頁。

44 番場嘉一郎，前掲論文（1984b 年），7 頁。

45 阪本はこの批判に対して次のように反論している。すなわち，引当金の計上論拠を保守主義に求めることは「『発生』について，普遍妥当性をもつ理論的説明がない限り，また保守主義の適用の限界について説明がなされない限り，教授の主張は無制限に適用され，恣意的会計処理に陥るおそれがある」。保守主義の適用は「みだりにこれを行うべきではなく，これに一定の限界ないし制限を加えることも要求される……われわれは偶発債務引当金といえども，これを費用収益対応の原則又は費用配分の原則によって計上すべきものと考える」。「未発生の費用のうち，当期の収益（と─引用者─）因果関係が認められないときは，費用配分の原則によってこれを計上することが認められるものと考える」（阪本安一「会計理論の用具としての会計基礎概念と引当金」『税経通信』第39巻第7号，1984b 年，3-10 頁）。

46 内川菊義，前掲論文（1982b 年），57 頁。

47 多くの論者によって示されている費用認識基準の間には，将来発生費用（損失）の認識範囲をめぐっておおむね次のような差異があるように思われる。

**費用認識基準と認識範囲**

48 項目名については，主として番場嘉一郎，前掲論文（1984a 年）による。

49 項目名については，引用論文と前掲書による。なお，内川は，債務保証損失引当金を「未払費用もしくは未払金としての性格をもつものとなってくる」（内川菊義，前掲書，288 頁）と述べているだけで「未払債務保証金」という具体的な用語を示しているわけではない。

50 阪本安一，前掲論文（1985 年），3-5 頁。

51 「引当金の特性は，……見積負債項目又は見積マイナス資産項目であること，予想した偶発事象が将来，現実化したときには，これらの引当金項目は，現実の負債と化し，あるいは資産の減少を招いて消滅するものであるということにある」（番場嘉一郎，前掲論文（1982 年），76 頁）。

52 同論文，77 頁。

53 内川菊義，前掲論文（1982b 年），57 頁。

54　内川菊義，前掲論文（1982a 年），70 頁。

55　内川菊義，前掲書，196 頁。

56　「見積計上額が，資産よりの控除あるいは負債的性格をもつものとして認められる場合には，それは引当金としては認められない。逆に，引当金としての性格が認められる場合には，それは資産よりの控除あるいは負債的性格のものとしては認められない。……したがって，評価性引当金および負債性引当金という項目は存在しない結果となる」（内川菊義，前掲論文（1982a 年），72 頁）。

57　阪本安一，前掲論文（1984b 年），4 頁。

58　同論文，7 頁。

59　内川菊義，前掲論文（1986 年），66-67 頁。

60　同論文，70 頁。

61　同論文，76 頁。

62　番場は「将来，本格的に債務が生じたり，資金が流出したりして，損費が現実に発生したことを認識するにいたる」（番場嘉一郎，前掲論文（1984a 年），2 頁）とし，資金の流出以外に債務の発生時点を費用の発生時点に含めている。これは費用の認識時点を，現金の支出時点から債務の発生によって現金価値の流出が確定する時点まで繰り上げることになる。

63　番場嘉一郎，前掲論文（1983 年），6 頁。

64　同論文，4 頁。

65　井上良二「制度会計論の二つの基本的視点」『JICPA ジャーナル』第 2 巻第 11 号，1990 年，21 頁。

66　同論文，22 頁。

67　同論文，23-24 頁。

68　内川菊義「会計上の認識および測定と引当金─阪本教授に再びお教えを乞う─」『同志社商学』第 37 巻第 4 号，1985b 年，21 頁。

69　FASB, Discussion Memorandum, *An Analysis of Issues Related to Conceptual Framework for Financial Statements and Their Measurement*, 1976, para. 72, 津守常弘監訳『FASB 財務会計の概念フレームワーク』中央経済社，1997 年，69 頁。以下，訳書についても該当ページを示していくが，要約の必要上，訳文を変更している場合がある。

70　*Ibid.*, para. 38, 同書，55 頁。

71　*Ibid.*, para. 42, 同書，56 頁。

72　*Ibid.*, para. 51, 同書，60 頁。

73　第 1 章の図表 1-6 は，収益費用中心観の貸借対照表には資産負債中心観の貸借対照表にはない資産項目（繰延費用）や負債項目（引当金や繰延収益）が現れることを強調している。これとは逆に資産負債中心観の貸借対照表にのみ現れる資産項目（A）や負債項目（L）の存在の可能性を示唆しているのが本章の図表 3-13 である。たとえば自

社の超過収益力を資本還元したいわゆる自己創設のれんは A に属する項目といえよう。

74  FASB, *op.cit.*, para. 38, 津守常弘監訳, 前掲書, 55 頁。

75  *Ibid.*, paras. 49–50, 同書, 60 頁。

76  むしろこの点にこそこの中心観の特徴があり, その柔構造が, 短期的な利益変動要因である非正常的, 臨時的な事象を平均化し, 利益の測定値をして「企業や経営者の日常的で正常かつ長期的な業績や効率性の指標」(*Ibid.*, para. 62, 同書, 66 頁) とすることを可能にする。

77  *Ibid.*, para. 34, 同書, 53 頁。

78  *Ibid.*, para. 34, 同書, 53 頁。

79  *Ibid.*, para. 54, 同書, 62 頁。

80  この中心観の背後には「経済活動は不確実なものであり, 経済的成果はしばしば変動する」(*Ibid.*, para. 67, 同書, 68 頁)。そのような不確実な環境のもとでの企業活動の目的は「その富の増加にあり, それが保有する財の変動は, ある期間に企業がおこなったことの最善の証拠, しばしば唯一の確実な証拠」(*Ibid.*, para. 48, 同書, 60 頁) であるから,「会計測定は財務会計が報告すると期待されている経済的な事物や事象に確固たる基礎を置くべきである」(*Ibid.*, para. 67, 同書, 68 頁) とする思考がある。

81  この方式は「稼得利益が必ずしも純資産の変化ということにならない」(*Ibid.*, para. 72, 同書, 69 頁) 点で非連携に分類することができると考える。

82  いうまでもないが, 本章の考察は各論者の引当金会計論に関わる会計観や期間損益観の違いを整理したものであり, 各論者の会計理論の全体系を分析したものではない。

# 第4章　債務保証損失引当金と債務保証引当金

## 第1節　は　じ　め　に

　債務保証損失引当金は，債務の保証先である子会社や下請け企業の財政状態が悪化した場合に設定される引当金である。ところがその繰入額については2つの方式が対立している。ひとつは債務保証に伴う損失額，すなわち弁済額の回収不能見積額（貸倒見積額）を繰入額とするものであり，いまひとつは将来の債務支払額（弁済額）を見積計上するものである。わが国の企業会計原則注解注18は前者の方式を採用しているのに対して，IAS37号は後者の方式を採用している。以後，前者を債務保証損失引当金，後者を債務保証引当金として区別する。

　まず，債務弁済額の回収不能見積額（貸倒見積額）を繰り入れる場合の引当金はその設定方式（引当金繰入額＝弁済額－回収可能見積額）から，求償権（未収金）の評価勘定になるはずである。ところが注解注18の規定に従って引当金を設定する場合，引当金の設定時点で当該引当金（回収不能見積額）を控除すべき対象となる求償権が存在しない。なぜなら，保証人が求償権を取得するのは，保証人が破綻した保証先の債務を弁済した時点であって，それに先行する保証先の財政状態が悪化した時点ではないからである。そのため債務保証損失引当金は負債として貸借対照表に計上されている。しかしその場合，引当金の金額は将来の支出額（弁済額）に一致しない。

　これに対して，IAS37号のように将来の支出見積額（＝債務額）を引当金に繰り入れる場合には，上記の矛盾は生じない。この場合の引当金は貸借対照表上，将来の支出額を表す負債勘定として表示されることになる。しかしこの処理方法にも問題がないわけではない。すなわち，負債の計上は純資産を減少させることから，引当金の相手勘定は費用になる。ところが実際には保証人による債務の弁済額（支出額）が全額回収不能（損失）になるわけではない。一部は回収されることを想起すれば，支出の可能性が高まった時点で債務額を全額費用として計上するこの処理方法に違和感が生じても不思議ではない。

　ではこれらの矛盾を解消する処理方法がはたして存在するのであろうか。本章では，債務保証損失の内容とその発生過程を確認し，各種の会計処理方法がもつ矛盾点や問題点を整理したうえで，妥当と思われる方法を提案するものである。

## 第2節　債務保証損失の発生過程

　債務保証とは，主たる債務者が債務を履行しない場合，保証人が主たる債務者に代わってその債務を履行する義務（保証債務）を負うことをいう。[2]いいかえれば，「債務保証」とは他人の債務を保証する行為をいい，それによって負担する債務が「保証債務」である。債務保証損失引当金はこの債務保証取引によって被る損失を対象とするが，その取引過程は次のようになる。

　たとえば，A社に特殊部品を納入しているX社が銀行から借り入れをする際，A社がその保証人になったとする。これによってA社は保証債務を負うが，X社の支払能力が維持される限り，A社に具体的な負担は生じない。ところがX社が支払不能の状態に陥れば，債権者である銀行は保証人A社に対して債務の履行を請求する。それによって保証債務は支払債務に転化し，A社はX社の借入金を銀行に弁済することになる。

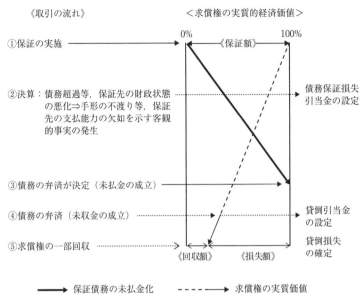

図表4-1　債務保証損失の発生過程

《取引の流れ》　　　　　　　　　＜求償権の実質的経済価値＞

①保証の実施

②決算：債務超過等，保証先の財政状態
　　　　の悪化⇒手形の不渡り等，保証
　　　　先の支払能力の欠如を示す客観
　　　　的事実の発生

③債務の弁済が決定（未払金の成立）

④債務の弁済（未収金の成立）

⑤求償権の一部回収

債務保証損失
引当金の設定

貸倒引当金
の設定

貸倒損失
の確定

《保証額》　0%　100%

《回収額》　《損失額》

──▶ 保証債務の未払金化　　　- - - -▶ 求償権の実質価値

　ただしA社の支出がそのまま損失の発生を意味するわけではない。なぜな
らここでの弁済は主たる債務者に対する一種の貸付であり，A社はX社に対
して弁済額の支払いを求める権利，すなわち求償権を得るからである。とは
いえ，保証人が債務を弁済するのは主たる債務者が破綻し，その支払能力が失
われている場合である。したがって弁済額の回収は通常困難であり，多くの場
合は貸し倒れる。それによって保証人A社が被る損失が債務保証損失にほか
ならない。

　図表4-1は，保証債務が偶発債務から確定債務に移行していくプロセス
（太線）と，潜在的な求償権（細点線）が未収金として確定し，その価値が減価
していくプロセス（細実線）を時系列の形で表している。

　なお，法律上は，保証債務の履行請求を受けた③の時点で支払義務が発生
し，保証人が自己の財産によって主たる債務者の債務を弁済した④の時点で求
償権を取得する。税法が④の時点で求償権に対する貸倒引当金の設定を認め

ているのもそのためである。

さて，以上の取引が一会計期間内に完結するのであれば，会計上とくに議論
すべき問題は生じない。ところが一連の過程が完了する前に決算日が到来すれ
ば様々な問題が浮上してくる。とりわけ問題となるのが，決算日に保証先の財
政状態が著しく悪化している場合である。もちろんその場合にも特段の処理を
行わず，保証人が主たる債務者の債務を弁済した時点で初めて記帳する方法も
ある。これに対して，保証先の財政状態が悪化した時点で将来の損失を見積計
上するのが引当金の設定である。そしてその記帳方法には収益費用中心観的な
ものと資産負債中心観的なものがある。以下，設例を用いながら各種の処理方
法の特徴と問題点を整理していく。


【設例】

  ①　債務保証の実行（保証額 100）

  ②　決算：保証先の財政状態が悪化（予想弁済額 100, 回収見積額 30）

  ③　弁済義務の確定（債務額 100）

  ④　弁済の実行（支出額 100）

  ⑤　未収金（弁済額）の回収（回収額 20）


## 第3節　現金主義的処理


### (1) 支出額を費用として計上

まず考えられるのが，弁済による支出が生じるまで処理を行わず，弁済額を
損失に計上し，回収額があればそれを利益とする方法である。

  【仕訳例 1-1】

  ④　弁済の実行（支出額 100）

  　　（債　務　保　証　損　失）100　（現　　金　　預　　金）100

  ⑤　未収金（弁済額）の回収（回収額 20）

  　　（現　　金　　預　　金）20　（償　却　債　権　取　立　益）20

### (2) 支出額を貸付金として計上

　債務者の財政状態を考えれば弁済額の回収可能性は極めて疑わしい。したがって弁済を行った時点で，その支出を資産の喪失（損失）として認識するのが上記の【仕訳例 1-1】である。しかし弁済は法的には債務者に対する一種の貸付（立替払い）であり，簿記上は交換取引として理解するのが一般的である。その理解に従うと次の処理方法になる。

【仕訳例 1-2】

④　弁済の実行（支出額 100）

　　（未　　　　収　　　　金）100　（現　　金　　預　　金）100

⑤　未収金（弁済額）の回収（回収額 20）

　　（現　　金　　預　　金）20　（未　　　　収　　　　金）100

　　（債　務　保　証　損　失）80

### (3) 弁済額の回収不能額を見積計上

　上記の方法と同じく弁済額を未収金として計上し，そしてその回収不能見積額を貸倒引当金によって計上すると次の処理方法になる。

【仕訳例 1-3】

④　弁済の実行（支出額 100）

　　（未　　　　収　　　　金）100　（現　　金　　預　　金）100

　　（貸　倒　引　当　金　繰　入）70　（貸　倒　引　当　金）70

⑤　未収金（弁済額）の回収（回収額 20）

　　（現　　金　　預　　金）20　（未　　　　収　　　　金）100

　　（貸　　倒　　損　　失）80

　　（貸　倒　引　当　金）70　（貸　倒　引　当　金　戻　入）70

　この方法は厳密には現金主義による処理方法ではない。なぜなら未収金の回収不能額が確定する前に貸倒損失を見積計上しているからである。しかしこの方法も保証先の財政状態が悪化した時点（図表 4-1 ②）で損失を認識せず，主たる債務者の債務を弁済した後に損失を認識する点で前二者の処理方法と共通する。そのためこれを現金主義的な処理方法として分類した。なお，この方法は，

求償権を取得した時点以降に貸倒引当金の設定を認める税法規定と符合する。[6]

## 第4節　発生主義による処理—債務保証損失を見積計上する場合—

### 1　将来の債務保証損失を見積計上

　前節の処理方法では債務の弁済後（図表4-1④以後）に損失が計上されるが，債務保証損失は保証先の財政状態が悪化した時点（図表4-1②）ですでに発生しているとする思考が有力である。この点については次の説明がわかりやすい。

　「会社は関係会社等の必要資金を直接融資によってまかなっても，また保証契約を締結して金融機関から関係会社等に融資してもらい，その借入金の返済を保証する形をとっても，関係会社等に対して果たそうとする経済的機能は同じである。直接融資をすれば，その債務の回収の可能性が問題となり，保証債務を負えば，その履行請求に基づく損失の負担の可能性が問題となるわけであり，この点からすれば，直接融資も保証債務も同一内容のリスクを負うことになる」[7]。つまり直接融資の場合には最初に貸付金を計上し，融資先の財政状態が悪化した時点（その回収可能性に疑念が生じた時点）で貸倒引当金を設定する。であれば「直接融資と同じ内容のリスクを負っている保証債務の場合，主たる債務者の資産状態が著しく悪化し，保証債務に基づく損失負担の可能性が極めて高いときには，回収不能と見込まれる債権部分に対し貸倒引当金を設定する場合と同様，保証債務損失引当金を計上しなければならない蓋然性が認められる」[8]。

　この説明を敷衍すると，直接融資のリスクは貸付金の貸し倒れであり，債務保証のリスクは求償権の貸し倒れである。図表4-1でいえば，求償権を表す細線（点線と実線）部分を貸付金と読み替えるとき，それが貸付金の回収可能性の低下（貸付金の減価）のプロセスを表すことになる。ただし直接融資の場合は「支出（＝貸付）⇒債務弁済能力の喪失（債権の回収リスクの発生）⇒貸倒損失の発生」として取引の最初に支出があるのに対して，債務保証の場合は

「保証⇒債務弁済能力の喪失（求償権の回収リスクの発生）⇒支出⇒貸倒損失の発生」として取引の後半に支出がある。そのため，債務保証の場合はリスクの測定対象となるべき資産が具体的な形で存在しない。この点が両者の会計処理を異なったものにする。

　具体的に述べると，直接融資では支出時に貸付金が認識されるため，融資先の財政状態が悪化すれば，それを反映した回収不能見積額を当該貸付金から控除できる。一方，債務保証についても保証先の財政状態が悪化すれば主たる債務者の債務の弁済の可能性が高まるとともに，その弁済額の回収可能性が低下する。したがって当該取引では，当初偶発債務にすぎなかった保証債務が支払債務として徐々に顕在化していくにつれ，その履行によって取得する可能性が高まりつつある求償権の回収不能見積額を債務保証損失引当金に繰り入れることになる。

　ところがこの債務保証損失引当金については控除の対象となるべき資産が存在しない。なぜならば求償権が未収金として確定するのは債務の弁済（図表4-1④）以降であり，それまでの求償権は偶発債権（点線部分）にすぎないからである。そのため債務保証損失引当金は負債として計上されるが，問題はその金額にある。つまり引当金の金額が将来の支出額（弁済額）に一致しない。結局，債務保証損失引当金は損益計算に誘導される形で現れる貸借対照表の貸方勘定，注解注18の用語に従えば「将来の特定の費用又は損失であって」「当期の負担に属する金額を当期の費用又は損失として」計上する際の費用（損失）の相手勘定としての機能だけを果たすことになる。この思考を忠実に反映したのが次の会計処理である。

【仕訳例2-1】

②　決算：保証先の財政状態が悪化（予想弁済額100，回収見積額30）

（債務保証損失引当金繰入）　70　（債 務 保 証 損 失 引 当 金）　70

④　弁済の実行（支出額100）

（債 務 保 証 損 失 引 当 金）　70　（現 　 金 　 預 　 金）　100

（債 務 保 証 損 失）　30

⑤　未収金（弁済額）の回収（回収額20）

　　（現　　金　　預　　金）　20　（償　却　債　権　取　立　益）　20

## 2　債務保証損失を見積計上，求償権を未収金として計上

　収益費用中心観に徹するとき，会計処理の重点は当期が負担すべき債務保証損失の認識と測定におかれる。上記の【仕訳例2-1】はその典型である。しかしその場合にも財政状態の変動をできるだけ忠実に反映しようとしているのが，平成11年に日本公認会計士協会が公表した監査委員会報告第61号『債務保証及び保証類似行為の会計処理及び表示に関する監査上の取扱い』（以下，「報告第61号」）である。この「報告第61号」は債務保証損失引当金の設定について次のように述べている。

　「主たる債務者の財政状態の悪化等により，債務不履行となる可能性があり，その結果，保証人が保証債務を履行し，その履行に伴う求償債権が回収不能となる可能性が高い場合で，かつ，これによって生ずる損失額を合理的に見積もることができる場合には，保証人は，当期の負担に属する金額を債務保証損失引当金に計上する必要がある。……②貸借対照表における債務保証損失引当金の表示については，一般の引当金と同様にワンイヤールールに従い，流動負債又は固定負債に区分する。③保証債務について履行請求を受けた場合には，負担すべき債務を未払金等に計上する。また，求償すべき債権については未収入金等に計上し，当該債権に対する回収不能見積額を直接控除するか又は貸倒引当金として計上する」[11]。

　この「報告第61号」でも保証先の財政状態が悪化した時点で債務保証損失引当金を負債の部に計上するものとしており，その繰入額は将来取得する求償権（求償債権）の回収不能見積額である。したがってこの引当金も注解注18の債務保証損失引当金と同じく，特定資産の評価勘定でもなければ，将来の支出額を表す負債勘定でもない。あくまでも当期に計上された債務保証損失の相手勘定ということになる。

その一方で「報告第61号」は債務保証にともなって生じる支払義務や求償権を未払金や未収入金等として計上し、さらに求償権から回収不能見積額を控除するように求めている。この「報告第61号」に沿った仕訳例が吉野昌年編著『会計処理ガイドブック』に示されている。その仕訳例を先の設例に置き換えると次のようになる。

【仕訳例2-2】

② 決算：保証先の財政状態が悪化（予想弁済額100、回収見積額30）

（債務保証損失引当金繰入）　70　（債 務 保 証 損 失 引 当 金）　70

③ 弁済義務の確定（債務額100）

仕訳なし

④ 弁済の実行（支出額100）

（未　　　　　収　　　　　金）100　（現　　金　　預　　金）　100

（債 務 保 証 損 失 引 当 金）　70　（債務保証損失引当金戻入益）　70

（貸 倒 引 当 金 繰 入 額）　70　（貸　倒　引　当　金）　70

この弁済の実行時に債務保証損失引当金を取り崩し、貸倒引当金を設定する仕訳も「報告第61号」の規定に従っている。[12]

## 3　債務保証損失を見積計上、弁済義務を未払金として計上

上記の【仕訳例2-2】では債務の弁済時に支出額を未収金として計上し、その回収不能見積額を貸倒引当金に繰り入れている。しかしこの処理方法でも「報告第61号」の要求を満たしてはいない。なぜなら同報告が「保証債務について履行請求を受けた場合には、負担すべき債務を未払金等に計上する」と述べているにもかかわらず、この仕訳例ではその処理が行われていないからである。

では弁済額を未払金として計上する場合、いかなる仕訳が行われるのであろうか。それを示しているのが監査法人トーマツ著『会計処理ハンドブック〈第2版〉』である。[13]そこでの仕訳例を先の設例に置き換えるならば次のようになる。

【仕訳例 2-3】

② 決算：保証先の財政状態が悪化（予想弁済額 100，回収見積額 30）

（債務保証損失引当金繰入） 70 （債 務 保 証 損 失 引 当 金） 70

③ 弁済義務の確定（債務額 100）

（債 務 保 証 損 失） 100 （未 払 金） 100

（債 務 保 証 損 失 引 当 金） 70 （債務保証損失引当金戻入益） 70

　この仕訳例にあるように，未払金の相手勘定は損失である。これは未払金の計上による純資産の減少を費用とするものであり，資産負債中心観における費用認識方法となっている。


## 4 債務保証損失を見積計上，弁済義務と求償権を同時に認識

　上記の『会計処理ハンドブック』には債務を弁済した時の処理方法が示されていない。そこでこの部分を補充すると次の仕訳が行われるはずである。

④ 弁済の実行（支出額 100）

（未 払 金） 100 （現 金 預 金） 100

　この仕訳は前述の【仕訳例 2-2】における

（未 収 金） 100 （現 金 預 金） 100

に代わるものである。すなわち【仕訳例 2-2】では弁済の実行時に求償権を未収金として認識しているが，【仕訳例 2-3】では未収金を認識していない。それは弁済義務の確定時に計上した未払金と債務の弁済額が相殺されるからである。つまり，「報告第 61 号」が「保証債務について履行請求を受けた場合には，負担すべき債務を未払金等に計上する。また，求償すべき債権については未収入金等に計上し」と述べているが，弁済義務を計上すれば求償権を計上できず，逆に求償権を計上しようとすれば弁済義務を無視しなければならないという奇妙なパラドックスに陥るのである。では，いかなる仕訳によって弁済義務と求償権の両者を認識することができるのであろうか。

　この疑問に対するひとつの解答が村山徳五郎監修『制度会計・法会計の実務』にある。本書の仕訳例は報告第 61 号の母体となった日本公認会計士協会

会計制度委員会の『債務保証損失引当金の会計処理（中間報告)』（昭和 55 年 7
月）を解説したものであり，これを先の設例にあてはめると，以下の一連の仕
訳になる。

【仕訳例 2-4】

①　債務保証の実行（保証額 100)

（保　証　債　務　見　返）100　（保　　　証　　　債　　　務）　100

②　決算：保証先の財政状態が悪化（予想弁済額 100，回収見積額 30)

（保　証　債　務　損　失）70　（保証債務損失引当金）　70

③　弁済義務の確定（債務額 100)

（保　　証　　債　　務）100　（保　証　債　務　見　返）100
（保証債務損失引当金）70　（保　証　債　務　未　払　金）100
（保　証　債　務　求　償　権）30

④　弁済の実行（支出額 100)

（保　証　債　務　未　払　金）100　（現　　金　　預　　金）100

⑤　未収金（弁済額）の回収（回収額 20)

（現　　金　　預　　金）20　（保　証　債　務　求　償　権）30
（債　務　保　証　損　失）10

この仕訳の特徴は弁済義務の確定時に未払金だけでなく求償権も同時に認識
する点にある。しかしこの仕訳においても問題が完全に解決されているわけで
はない。なぜならこの仕訳では弁済義務が確定した時点で求償権を計上してい
るが，求償権の行使が法的に可能になるのは基本的に自己の出捐によって主た
る債務者の債務を履行した後だからである。いいかえれば債務の弁済以前の求
償権の行使はかなり限定されており，したがってこの処理方法を一般化するこ
とには無理があるように思われる。[15]

## 第5節　発生主義による処理—債務保証額を見積計上する場合—

### 1　IAS37号の引当金規定と債務保証取引

　前節で整理した各種の処理方法は基本的に収益費用中心観にもとづいており，引当金の設定は各期に負担すべき債務保証損失の見積計上を目的としている。その一方でこれらの処理例では債務保証取引に起因する債権，債務の発生と消滅の過程が完全な形で描写されていない。たとえば【仕訳例2-2】では弁済義務（未払金）の発生が無視されており，また，【仕訳例2-4】における弁済義務と求償権の同時認識は一般化できない。

　ところでこの2つの処理例には1つの共通点がある。それは弁済義務の認識に伴う損失の計上を避けている点である。弁済義務の確定は罰金と同じように対価のない負債の増加であり純資産を減少させる。したがってこれを未払金として認識しようとすれば相手勘定を損失とせざるを得ない。しかしそれは資産負債中心観における損失観であり，未収金の回収不能額を債務保証損失と考える収益費用中心観の思考と異なる。この点が弁済義務の認識を躊躇させる基本的な理由であるように思われる。

　これに対して，弁済義務の確定を損失として認識しているのが【仕訳例2-3】である。ただしそれは収益費用中心観に基づいて債務保証損失引当金を設定しつつ，資産負債中心観に基づいて弁済義務を認識する混合型の処理方法となる。そこでこの仕訳例を構成する2つの部分のうち，後半の弁済義務の発生の認識そのものを引当金の設定目的とするのが，IAS37号の引当金である。ここで関連の規定を要約して示すと次のとおりである。

　「<u>引当金</u>とは，時期又は金額が不確実な負債をいう。

　<u>負債</u>とは，過去の事象から発生した企業の現在の債務で，その決済により，経済的便益を有する資源が企業から流出する結果となることが予想されるものである。

　<u>債務発生事象</u>とは，法的債務あるいは推定的債務を生じさせる事象で，債務

を決済する以外に現実的な選択肢をもたないものである」[16]。

「引当金は，次の場合に認識されなければならない。

(a) 企業が過去の事象の結果として現在の債務（法的又は推定的）を有しており，

(b) 当該債務を決済するために経済的便益を有する資源の流出が必要となる可能性が高く；かつ

(c) 当該債務の金額について信頼性のある見積りができる場合。

これらの条件が満たされない場合には，引当金を認識してはならない」[17]。

「引当金として認識する金額は，貸借対照表日における現在の債務を決済するために要する支出の最善の見積りでなければならない」[18]。

そして IAS37 号は「例示」として債務保証取引を取り上げ，次のように説明している。

「例示9：単一の保証

1999 年に，企業 A は企業 B の借入金について単一の保証を行った。その当時，企業 B の財攻状態は健全であった。2000 年中には企業 B の財政状態は悪化し，2000 年 6 月 30 日に企業 B は和議の申請をした。

(a) 1999 年 12 月 31 日現在

**過去の債務発生事象に起因した現在の債務**——債務発生事象は保証の供与であり，それは法的債務を発生させる。

**決済時における経済的便益をもつ資源の流出**——1999 年 12 月 31 日現在，経済的便益の流出の可能性は高くない。

**結論**——引当金は認識されない。保証は，経済的便益の流出の可能性がほとんどない場合を除き，偶発債務として開示される。

(b) 2000 年 12 月 31 日現在

**過去の債務発生事象に起因した現在の債務**——債務発生事象は保証の供与であり，それは法的債務を発生させる。

**決済時における経済的価値をもつ資源の流出**——2000 年 12 月 31 日現在，債務を決済するために，経済的便益をもつ資源が流出する可能性は高い。

結論—債務の最善の見積りに対して引当金が認識される」[19]。

## 2 債務保証額の見積もりと債務保証引当金の計上

IAS37 号によると，引当金は「時期又は金額が不確実な負債」であり，将来の損失を計上するための相手勘定ではない。それは「過去の事象から発生した企業の現在の債務」である法的債務又は推定的債務の認識を目的とする。

ただし IAS37 号においても引当金の設定時期は注解注 18 と同じである。つまり「①保証の実行」⇒「②保証先の財政状態が悪化」⇒「③弁済義務の確定」⇒「④弁済の実行」＝「⑤求償権の取得」⇒「⑥求償権の貸し倒れ」の過程において，②保証先の財政状態が悪化した時点で⑥求償権の貸し倒れを債務保証損失として見積計上するのが注解注 18 の引当金である。これに対して，IAS37 号では②保証先の財政状態が悪化した時点で債務を引当金として認識し，④弁済の実行に伴う支出見積額を引当金に繰り入れることになる。

ところで将来の債務保証損失ではなく，債務弁済額を引当金に繰り入れる場合，引当金と求償権の関係が問題になる。この点について IAS37 号は次のように述べている。

「引当金を決済するために必要な支出の一部又は全部を他人から補填されることが予想される場合に，企業が債務を決済すれば補填金を受け取れることがほぼ確実な場合に限って，補填金を認識しなければならない。当該補填金は，別個の資産として処理しなければならない。補填金として認識する金額は，引当金の金額を超えてはならない」[20]。

「損益計算書においては，引当金に関する費用は，認識された補填金と相殺して純額で表示してもよい」[21]。

この規定によると，債務の弁済見積額を負債に計上し，未収金の回収可能額は別個に資産として計上することになる。その際，両者が同じ会計期間に計上されれば，負債の計上にともなって認識される損失と，資産の計上にともなって認識される利益が相殺され，その差額が債務保証損失の金額に一致する。しかし両者の計上期間が異なれば，注解注 18 と IAS37 号の間で期間損益に差異

が生じることになる。

　なお，IAS37 号は損益計算書上で引当金繰入額と求償権の回収可能額の相殺を認めている。しかし貸借対照表上での引当金と求償権の相殺は認めているわけではない。求償権の回収可能額は「別個の資産として処理しなければならない」。

　以上の規定を本章の【設例】にあてはめると次のような会計処理になると考えられる。

【仕訳例 3-1】債務保証額を見積計上，債務弁済時に求償権を認識

② 決算：保証先の財政状態が悪化（予想弁済額 100，回収見積額 30）

　　（債　務　保　証　損　失）100　（債　務　保　証　引　当　金）　100

③ 弁済義務の確定（債務額 100）

　　（債　務　保　証　引　当　金）100　（債　務　保　証　未　払　金）　100

④ 弁済の実行（支出額 100）

　　（債　務　保　証　未　払　金）100　（現　　　金　　　預　　　金）　100

　　（債　務　保　証　求　償　権）　30　（求　償　権　取　得　益）　　30

⑤ 未収金（弁済額）の回収（回収額 20）

　　（現　　　金　　　預　　　金）　20　（債　務　保　証　求　償　権）　　30

　　（債　務　保　証　損　失）　10

　上記④の仕訳にある求償権取得益は，求償権の取得による純資産の増加を利益として計上するものである。


## 第 6 節　新たな会計処理方法の提案―対照勘定の段階的取り崩し―

　純資産の増減を損益の発生として認識する資産負債中心観の立場からすれば，弁済義務の発生を損失の発生とし，求償権の取得を利益の発生とすることに何ら形式上の問題はない。しかしそこには違和感が残る。なぜなら債務保証損失の実質は求償権の貸倒れであるにもかかわらず，債務弁済額（支出額）をそのまま損失とすることになるからである。

　もちろんこの種の違和感は収益費用中心観に執着することから生じるのであり，資産負債中心観からは当然の処理方法であると結論づけることもできよう。しかし資産負債中心観の立場からも上記の処理方法には検討の余地がある。具体的に述べると，債務保証取引に伴う資産，負債の変動を正確に描写しつつ，上記の違和感を解消する処理方法の模索である。

　これまで繰り返し述べたように，債務保証取引には弁済義務や求償権の発生が伴う。そのため報告第61号は債務保証損失の見積計上を要求するだけでなく，「保証債務について履行請求を受けた場合には，負担すべき債務を未払金等に計上する。また，求償すべき債権については未収入金等に計上し，当該債権に対する回収不能見積額を直接控除するか又は貸倒引当金として計上する[22]」と述べて，権利，義務の発生を資産，負債の増加として認識するものとしている。しかし，弁済義務と求償権を共に認識しようとすると，弁済義務（未払金）か求償権（未収金）のいずれかひとつしか認識できないというパラドックスに陥ることになる。

　ではいかなる会計処理を行うとこのパラドックスに陥ることなく，取引の実態を忠実に描写できるであろうか。実はその鍵は対照勘定にある。具体的には以下のような会計処理が考えられる。

【仕訳例 4-1】

① 債務保証の実行（保証額 100）

　他社の債務を保証した場合，偶発債務を負う。銀行等ではこの事実を，

　　　（支 払 承 諾 見 返）×× （支 　払 　承 　諾）××

の仕訳によって記帳し，借方は資産項目，貸方は負債項目として貸借対照表に計上する[23]。一般企業においても債務保証契約を実施すれば，

　　　（保 証 債 務 見 返）×× （保 　証 　債 　務）××

の仕訳を行うことができる[24]。しかし，債務保証を業としない一般企業の場合，これらの勘定は総勘定元帳の上で備忘記録として存在するだけで，貸借対照表には表示されない。

　ここでこの仕訳の意味を再度確認しよう。まず貸方の「保証債務」は，主た

図表4-2　保証債務見返と保証債務の意味

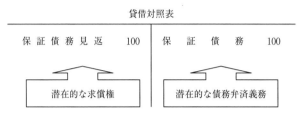

貸借対照表

| 保 証 債 務 見 返 100 | 保 証 債 務 100 |
| --- | --- |
| 潜在的な求償権 | 潜在的な債務弁済義務 |

る債務者が支払不能の状態に陥った場合，代わりに債務を決済すべき偶発債務を表し，そして借方の「保証債務見返」は，主たる債務者に代わって債務を履行した場合，保証人が取得する求償権を表す（図表4-2）。つまり両者は偶発債務と偶発債権として見合いの関係にあることから，債務保証を業としない一般企業ではこれを相殺し，債務保証額だけを注記事項にしているものと思われる。

　しかし，債務保証を業としているか否かにかかわらず，保証人が他人の債務を保証した場合に負うリスクに変わりはない。債務保証の存在は，それがたとえ念書や保証予約の形であっても企業の直接的な倒産原因になりうる[25]。このことを考慮すれば，一般企業に限って両者のオンバランス化を否定すべき積極的な根拠は乏しい。しかしここでは通常の会計処理に従い，対照勘定はオフバランスのままとしておく。

　なお，この対照勘定が表している偶発債務が支払債務として確定し，偶発債権が受取債権として確定する時点は必ずしも同じではない。通常は偶発債務が支払債務に転換し，その履行によって偶発債権が受取債権として確定する。

② 　決算：保証先の財政状態が悪化（予想弁済額100，回収見積額30）

　　　（債務保証損失引当金繰入）　70　　（債 務 保 証 損 失 引 当 金）　　70

　保証先の財政状態が悪化すれば，決算で債務保証損失引当金が設定される。その際，未収金の回収不能見積額を繰り入れた債務保証損失引当金は，負債ではなく求償権の評価勘定である。しかしながら貸借対照表にはこの引当金を控除すべき資産項目（求償権）が存在しない。ところがこの矛盾は将来取得する可能性が高まった求償権を保証債務見返勘定によってオンバランスすることで

図表4-3 評価勘定としての債務保証損失引当金

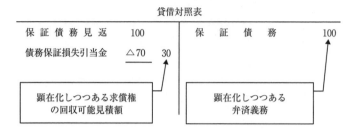

図表4-4 貸借対照表の比較（債務保証の場合と直接融資の場合）

【保証の場合】　　　　　　貸借対照表

| 諸　　資　　産 | 1,000 | 保　証　債　務 | 100 |
|---|---|---|---|
| 保 証 債 務 見 返 | 100 | | |
| 債務保証損失引当金 | △70　　30 | | |

【融資の場合】　　　　　　貸借対照表

| 諸　　資　　産 | 900 | 保　証　債　務 | 100 |
|---|---|---|---|
| 貸　　付　　金 | 100 | | |
| 貸 倒 引 当 金 | △70　　30 | | |

解決する。その場合，図表4-3のように，債務保証損失引当金は当該求償権の回収不能見積額を表すことになり，引当金の基本的性格とその表示方法が一致する。

　ところで第2節で引用したように，債務保証損失引当金の設定根拠は債務保証を行った場合と直接融資を行った場合のリスクの同質性に求められていた。であれば貸借対照表上の表示方法にも同質性が要求されるはずである。仮に債務保証損失引当金を保証債務見返勘定（潜在的な求償権）の評価勘定として表示するならば，表示面においても直接融資と債務保証の間で同質性を維持することができる。図表4-4は，保証前あるいは融資前の資産を1,000とし，両者

の表示方法を比較したものである。
③ 弁済義務の確定（債務額 100）

　保証先の財政状態がさらに悪化し，支払不能状態に陥ると債権者が保証人に債務の履行を請求する。その時点でそれまで偶発債務であった保証債務が支払債務として確定する。その場合，一般には逆仕訳（反対仕訳）によって対照勘定を消去するものとされているが，この時点で求償権の取得可能性（偶発債権）が消滅したわけではない。むしろその可能性ははるかに高まっている。であれば保証債務見返勘定とその評価勘定である債務保証損失引当金勘定はそのまま維持し，貸方の債務保証勘定を消去すべきである。このように考えるとき，次の処理が行われることになる。

（保　　証　　債　　務）100（未　　　払　　　金）100

これによって貸借対照表は次のように変化する（図表4-5）。

**図表4-5　支払債務確定後の貸借対照表**

貸借対照表

| 保 証 債 務 見 返 | 100 | | 未 払 金 | 100 |
|---|---|---|---|---|
| 債務保証損失引当金 | △70 | 30 | | |

④ 弁済の実行（支出額 100，この時点の回収見積額 20）

　保証人が債務を弁済すると，未払金が消滅し，同時に求償権を取得する。つまり偶発債権が金銭債権として確定するため，保証債務見返勘定を未収金勘定に振り替えることになる。そして偶発債権の評価勘定である債務保証損失引当金を取り崩し，未収金の回収不能見積額を貸倒引当金によって表示する。具体的には次の仕訳を行う。

（未　　　払　　　金）100（現　　金　　預　　金）100
（未　　　収　　　金）100（保　証　債　務　見　返）100
（債 務 保 証 損 失 引 当 金）　70（債務保証損失引当金戻入益）　70
（貸 倒 引 当 金 繰 入 額）　80（貸　倒　引　当　金）　80

これによって貸借対照表は次のように変化する（図表4-6）。

**図表 4-6　債務支払後の貸借対照表**

貸借対照表

```
未  収  金    100
貸 倒 引 当 金  △80    20
```

弁済額の回収
可能見積額

⑤　未収金（弁済額）の回収（回収額20）

そして未収金を回収し，貸倒額が確定すると次の仕訳を行う。

（現　　金　　預　　金）20 （未　　　収　　　金）100
（貸　倒　引　当　金）80

# 第7節　む　す　び

　前節で提起した仕訳方法が従来のそれと大きく異なる点は対照勘定の取り扱いにある。すなわち一般には，対照勘定に貸借対照表能力は与えられず，条件が成就（偶発事象が発生）し，債務が確定した時点でこれを取り崩すものとされている。その典型が手形の裏書譲渡や割引に伴って行われてきた偶発債務の記帳であり[27]，そしてこれらの手形については対照勘定の同時取り崩しが一定の合理性をもつものとなっている。なぜなら，裏書譲渡した手形や割引手形が不渡りとなった場合には，銀行や手形債権者に対する弁済義務の確定，その支払，求償権の取得という一連の過程が手形交換所を通じてほぼ同時に完了するからである。つまりその場合には対照勘定を段階的に消去しても，一気に消去しても結果は等しい。しかし債務保証取引の場合は弁済義務の確定時点と求償権の取得時点が同じである保証はない。むしろ両者の間にはタイムラグが生じるのが通例であろう。であれば，債務が確定した時点で対照勘定を機械的に消去するのではなく，保証債務勘定（偶発債務）と保証債務見返勘定（偶発債権）を，その確定のプロセスに合わせて段階的に消去すべきであろう。それによっ

て債務保証取引に伴う債権，債務の発生とその消滅のプロセスを正確に描写できることになる。

ところでIAS37号は，債務の弁済額を負債（引当金）として見積計上し，求償権の回収可能見積額を資産として別途に計上するものとしている。しかしそれは資産負債中心観の形式的な適用であり，取引実態を必ずしも忠実に描写するものではない。

もともと債務保証取引は保証先の財政状態を独立変数として，3つのプロセスが同時に進行するものと考えることができる。第一は財政状態の悪化につれて保証債務が支払義務として徐々に確定していくプロセス，第二は支払可能性が増大するにつれて求償権の取得可能性が増大していくプロセス，そして第三はその求償権の回収可能性が低下していくプロセスである。IAS37号は引当金の設定を「費用の発生—負債の増加」の取引としており，債務保証取引についても，先の3つのプロセスのうち，弁済義務にのみ着目するものとなっている。

もちろん環境破壊に対する損害賠償金の支払いのように支出額がそのまま損失の発生を意味する場合にはこの枠組みに矛盾は生じない。しかし債務保証取引の場合は将来の支出額がそのまま損失の発生を意味するわけではない。その損失はIAS37号の引当金が直接の認識対象としていない残り2つのプロセスから生じるのであり，それは「費用の発生—資産の減少」の枠組みで理解すべきものである。

このように債務保証取引を理解するならば，前節で提起した処理方法は，当期が負担すべき債務保証損失を当期の損益計算に算入するという意味で企業の業績把握を主要な目的とする収益費用中心観の基本思考に適合する。それだけではない。この方法は債務保証取引に伴う資産，負債の変動を忠実に表現し，当該取引から生じる損失の発生状況を総合的に描写できる点で資産負債中心観の基本思考にもよりよく適合すると考える。[28]

1　IAS37号は，IASCが1998年9月に公表し，国際会計基準審議会（International Accounting Standards Board: IASB）が2001年4月に採用した会計基準である。IAS37号は，他の会計基準の新設改廃の結果，規定が部分的に変更されている。本章は，1998年に公表されたIAS37号の規定や例示に基づき，債務保証の処理方法について検討している。

2　債務保証とは「広義では，第三者が債務者のために，その債務の履行を保証すること。通常は，金融機関が取引先等である債務者の依頼に基づき，保証料を取って債務の履行を保証すること」（内閣法制局法令用語研究会『有斐閣 法律用語辞典』有斐閣，1993年，539頁）。なお，本章で考察の対象としているのは債務保証を業としている金融機関ではなく，一般事業会社によって行われている債務保証取引である。

3　求償権とは「弁済した者が，他人に対して，その返還又は弁済を求める権利。例えば，連帯債務者の一人又は保証人が債務を弁済し，他の連帯債務者又は主たる債務者が，それによって債務を免れたときに，その分について返還を求める場合などがある」（同書，244頁）。

4　民法第459条①「保証人カ主タル債務者ノ委託ヲ受ケテ保証ヲ為シタル場合ニ於テ過失ナクシテ債権者ニ弁済スヘキ裁判言渡ヲ受ケ又ハ主タル債務者ニ代ハリテ弁済ヲ為シ其他自己ノ出捐ヲ以テ債務ヲ消滅セシムヘキ行為ヲ為シタルトキハ其保証人ハ主タル債務者ニ対シテ求償権ヲ有ス」。ここで「裁判の言渡を受けるとは，その裁判が確定することを意味する」（我妻栄『新訂債権総論（民法講義Ⅳ）』岩波書店，1964年，492頁）。「保証人は，主たる債務者に代わって弁済するのであって，もともと自分の負担部分というものはないわけである。だから代わりに弁済したときは，主たる債務者に対して求償権をもつことになる。……保証人は，主たる債務者の委託に基づくと否とにかかわらず，自己の出捐によって主たる債務者を免責させた場合に，求償権を取得する」（遠藤浩也編『民法（4）債権総論』有斐閣，1974年，163頁）。

5　法人税取扱通達 基本通達11-2-16（平成14年）によると，法人税法第52条第2項（貸倒引当金）に規定されている「その他これらに準ずる金銭債権」には「保証債務を履行した場合の求償権」が含まれる。

6　なお，債務者の財政状態が破綻し，（イ）会社更生法又は金融機関の更正手続の特例等に関する法律の規定による更正手続開始の申し立て，（ロ）和議法の規定による和議開始の申し立て，（ハ）破産法の規定による破産の申立て，（ニ）商法の規定による整理開始又は特別清算開始の申立て，（ホ）手形交換所による取引停止処分という客観的な事実が発生した場合，当該個別評価金銭債権の額（当該債権者に対する金銭債権の額から，すでに受け入れた金額があるため実質的に債権とみられない部分の金額，担保権の実行，金融機関又は保証機関による保証債務の履行その他により取立て等の見込みがあると認められる部分を除いた金額）の100分の50に相当する金額を貸倒引当金に繰り入れることができる（法人税法施行令第96条①三）。

7　村山徳五郎監修『制度会計・法会計の実務』中央経済社，1989 年，498 頁。

8　同書，499 頁。内川菊義も両者の違いは支出時点にあるにすぎないとして次のように述べている。「保証債務と貸金の場合は，ともに，債務者の債務支払能力を信頼することによって成立する信用取引であり，主たる債務者の債務支払能力が欠如する場合には，ともに損失をこうむる結果となるのである。ただ，両者の違いは，貸金の場合にははじめに現金の支出があり，保証債務の場合にはおわりに現金の支出がある，ということである」（内川菊義「貸倒引当金と債務保証損失引当金─旧著の謬見に対する反省を含めて─」『會計』第 154 巻第 4 号，1998 年，117 頁）。

9　貸付の場合は，最初に自己の財産の出捐がある。

10　ここでの仕訳例は中村忠，森川八州男の次の解説を参考にしている。

中村は次の仕訳例を示している（中村忠『新訂 現代会計学』白桃書房，1982 年，123-124 頁）。

「(1) 取引先 A 商店の債務保証をしているが，同商店の財政状態が悪化しているので，決算に際し¥500,000 の債務保証損失引当金を設定する。

　（借）債務保証損失引当損　　　500,000　　（貸）債務保証損失引当金　　500,000

(2) 同商店が倒産し保証した債務¥950,000 を小切手を振出して支払った。

　（借）債務保証損失引当金　　　500,000　　（貸）当　座　預　金　　950,000
　　　　債 務 保 証 損 失　　　450,000

保証した債務を本人に代わって支払った場合は，本人に対して求償権が生ずるが，本人が倒産してしまったので損失として処理せざるを得ない」。

森川の設例は次のとおりである（森川八州男『精説簿記論〔Ⅰ〕』白桃書房，1984 年，327 頁）。

「(1) 決算において，かねてより債務保証をしている子会社秋田工業 KK の財政状態が著しく悪化したために，債務保証損失引当金¥1,500,000 を設定した。

(2) 翌期に，秋田工業 KK が倒産したために，同社にかわってその債務¥2,000,000 を小切手で弁済した。なお，同社の財政状態からみて，これは回収不能と判断された。

(1) （借）債務保証損失引当損　1,500,000　（貸）債務保証損失引当金　1,500,000

(2) （借）債務保証損失引当金　1,500,000　（貸）当　座　預　金　2,000,000
　　　　債 務 保 証 損 失　　500,000　　　　　　　　　　　　　　　　　　　　　」

11　日本公認会計士協会，監査委員会報告第 61 号『債務保証及び保証類似行為の会計処理及び表示に関する監査上の取扱い』（平成 11 年 2 月 22 日）。この報告第 61 号は平成23 年 3 月 29 日に改正され，監査・保証実務委員会実務指針第 61 号として公表された。その際「4. 債務保証損失引当金の会計処理と表示」の (4) ①の規定について一部字句が修正されているが，その他の規定は改正前と同じである。

12　「④債務保証損失引当金を計上した保証先の債務不履行により，債権者に対して債務保証を履行した場合，又は債務保証の履行を請求された場合には，債務保証損失引当金

の目的取崩となるが，通常，債務保証の履行に伴い，主たる債務者に対して求償債権が
生じるため，目的取崩に対応する損失は求償債権に対する貸倒引当金繰入額又は貸倒損
失として発生する。この債務保証損失引当金の目的取崩と貸倒引当金繰入又は貸倒損失
処理は一連の会計処理と考えられるため，原則として，債務保証損失引当金の目的取崩
額と貸倒引当金繰入額又は貸倒損失は，相殺後の純額で表示する。この場合，相殺する
対象は，個別の相手先ごととする」（吉野昌年編著『会計処理ガイドブック』清文社，
2003 年，342-344 頁）。

　中野常男（『複式簿記会計原理』中央経済社，1998 年，323 頁）と桜井久勝（『財務会
計講義〈第 3 版〉』中央経済社，2000 年，246 頁）も同様の仕訳例を示している。すな
わち債務の弁済時にその支出額を貸付金（中野）あるいは債務保証求償債権（桜井）と
して計上するものとしている。

　なお両者とも債務保証の実行時（図表 4-1 ①）に（借）保証債務見返××（貸）保
証債務××の備忘記録を行うものとしているが，債務保証損失引当金の取崩時点が異な
る。すなわち桜井の場合は債務の弁済時（同④）に債務保証損失引当金を取り崩し，改
めて債務保証求償債権に対する貸倒引当金を設定するものとしているのに対し，中野の
場合は求償権の回収不能額が確定した時点（同⑤）で債務保証損失引当金を取り崩すも
のとしている。

13　監査法人トーマツ『会計処理ハンドブック〈第 2 版〉』中央経済社，2003 年，522-
523 頁。

14　村山徳五郎監修，前掲書，500-502 頁。

15　代位弁済義務が確定すれば，限られた範囲内で求償権の事前行使が認められる。民法
第 460 条の規定は次のとおりである。

　「保証人カ主タル債務者ノ委託ヲ受ケテ保証ヲ為シタルトキハ其保証人ハ左ノ場合ニ
於テ主タル債務者ニ対シテ予メ求償権ヲ行フコトヲ得
　一　主たる債務者ガ破産ノ宣告ヲ受ケ且債権者カ其財団ノ配当ニ加入セサルトキ
　二　債務カ弁済期ニ在ルトキ但保証契約ノ後債権者カ主タル債務者ニ許可シタル期限
　　ハ之ヲ以テ保証人ニ対抗スルコトヲ得ス
　三　債務ノ弁済期カ不確定ニシテ且其最長期ヲモ確定スルコト能ハサル場合ニ於テ保
　　証契約ノ後十年ヲ経過シタルトキ」。

　ただし，求償権の事前行使には多くの制約がある（たとえば遠藤浩・川井健・原島重
義・広中俊雄・水本浩・山本進一編集『民法（4）債権総論〔第 3 版〕』有斐閣，1987
年，190-191 頁）。

　また，東京地方裁判所昭和 49 年（行ウ）第 187 号法人税課税処分取消請求事件（昭
和 51 年 12 月 15 日判決・請求棄却（原告控訴））では求償権の事前行使に対して極めて
限定的な解釈が示されている。本件は債務の弁済前に計上した未収金の債権償却特別勘
定への繰入（損金計上）を否認した葛飾税務署長に対し，その処分の取消を求めたもの

であるが，判決文は原告の請求を棄却し，その「理由」を次のように述べている。

　「民法四六〇条により求償権の事前行使が可能であったとしても，元来求償権の事前行使は，保証人が免責行為をするに必要な費用の前払を受け得るという前払金請求権の性質を有するものであって，保証人が現実に出捐しなかったときは主たる債務者から受領した金額を返還しなければならないのみならず，民法六四一条に規定されているように，主たる債務者はその事前行使に対し種々の抗弁をなすことができ，無条件に行使し得るものではないことからすれば，主たる債務が弁済期にあり，保証人が債務者から請求されているというだけでは事前求償権はいまだ不確定なものといわざるを得ず，会計処理上債権として計上する余地はないというべきである」。

　原告の控訴による東京高等裁判所昭和51年（行コ）第92号法人税課税処分取消請求控訴事件（昭和52年7月28日判決・控訴棄却）の判決では，原判決の「理由」に次の文章が付加されている（一部）。

　「保証債務は，前述のような不確定性をもつと同時に，他方その履行によって主債務者に対する求償債権を発生せしめるという特殊性を有するものの右求償権の発生自体は保証債務の履行を条件とする関係上，一般に保証債務を会計帳簿に仕訳する場合には「（借方）保証債務見返何円，（貸方）保証債務同円）」と記載すべきものとされ，この両勘定は共同して保証債務の存在を表現し，両勘定は同時に発生し，同時に消滅し，常に相対照するとされ（このため両勘定を対照勘定という。），保証人が保証債務の履行をした場合にはじめてその弁済金額につき借方に未収金勘定として，他方これに対応する貸方に現金（または預金）勘定としてこれを記載すべきものとされ，保証人が未だ免責行為をしていない保証債務につき相手勘定に資産勘定である貸付金勘定を計上するような会計処理は認められていないのである。上に述べたことは，たとえ債権者が保証人に対して保証債務の履行を迫り，権利実行のための措置をとるようなことがあっても，その妥当性を失うものではなく，また，保証人が保証債務の履行のために約束手形を振り出し，債権者に交付したとしても，その支払がなされるか，または支払があったと同視すべき事実が発生しない限り，同様である。企業会計原則上の発生主義は叙上に反する控訴人の主張を根拠づけるものではなく，控訴人の主張は，被控訴人のいうごとく，ひっきょう独自の見解に基づくものであって，採用できない」。

16　IASC, IAS37, *Provisions, Contingent Liabilities and Contingent Assets*, 1998, para. 10, 日本公認会計士協会国際委員会訳『国際会計基準審議会　国際会計基準書2001』同文館，2001年，685-686頁。なお，本章は，翻訳書を参照しているが，必要に応じて変更している。

17　*Ibid.*, para. 14, 同書，687頁。

18　*Ibid.*, para. 36, 同書，690頁。

19　*Ibid.*, Appendix C, Example 9, 同書，705-706頁。

20  *Ibid.*, para. 53, 同書, 693 頁。

21  *Ibid.*, para. 54, 同書, 693 頁。

22  日本公認会計士協会, 監査委員会報告第 61 号, 7 頁。

23  銀行経理問題研究会編『銀行経理の実務〔第 5 版〕』金融財政事情研究会, 2001 年, 399-400 頁。

24  【仕訳例 2-4】と同様, 中野と桜井も文献の中で保証債務見返勘定と保証債務勘定を使用している (中野常男, 前掲書, 303 頁, 桜井久勝, 前掲書, 246 頁)。

25  「債務保証」「保証予約」「経営指導念書」が倒産原因となった企業として京樽, 東海興業, 東食 (1997 年に倒産), 大同コンクリート (1998 年に倒産) が有名である。(「京樽, 会社更生法を申請」『日本経済新聞社 (朝刊)』1997 年 1 月 20 日, 「東海興業 更生法適用を申請」『日本産業新聞』1997 年 7 月 7 日, 「安易な念書株主にツケ 大同コンクリ自己破産 貸し手責任も課題」『日本経済新聞 (朝刊)』1998 年 3 月 1 日, 「常識の蹉跌⑧ 自律経済への道筋」『日本経済新聞 (朝刊)』1998 年 6 月 17 日)。

　　なお, 建設業については破綻前後の財務諸表に大きな乖離があり, その主要な原因の一つが保証類似行為 (保証予約, 経営指導念書の差し入れ) にあったことから, 日本公認会計士協会は報告第 61 号に先立って業種別監査委員会研究報告第 2 号『建設業における債務保証及び保証類似行為に関する会計処理及び表示について』(平成 10 年 2 月 16 日) を公表している。

26  直接融資の場合は金銭の支出によって諸資産の金額が融資額だけ債務保証の場合よりも小さくなる。いいかえれば, 債務保証の場合の諸資産 (1,000) から保証額 (100) を控除した金額 (900) が直接融資の場合の諸資産の金額 (900) に一致する関係になる。

27  従来, 手形の割引や裏書譲渡については偶発債務を対照勘定によって記帳するものとしてきたが, 日本公認会計士協会の会計制度委員会報告第 14 号『金融商品会計に関する実務指針』(最終改正 2019 年 7 月 4 日) の 136 項では「割引手形及び裏書譲渡手形については, 原則として新たに生じた二次的責任である保証債務を時価評価して認識するとともに, 割引による入金額又は裏書による決済額から保証債務の時価相当額を差し引いた譲渡金額から, 譲渡原価である帳簿価額を差し引いた額を手形売却損益として処理する」と規定されている。設例 16 によると, 手形の割引時に「保証債務 (受取手形遡及義務) の時価」を評価し, (保証債務費用) ×× (保証債務) ××の仕訳をする。そして当該手形が決済してると (保証債務) ×× (保証債務取崩益) ××の仕訳をするものとしている。前者の仕訳は (債務保証損失引当金繰入) ×× (債務保証損失引当金) ××に相当する。

28  筆者がかつて松本敏史「保証債務のオフバランスと債務保証損失引当金」『會計』第 139 巻第 5 号, 1991 年で提起した処理方法をここでの設例にあてはめると次のとおりである。

① 債務保証の実行（保証額 100）

　　　　（保 証 債 務 見 返）100　（保　証　債　務）100

② 決算：保証先の財政状態が悪化（予想弁済額 100，回収見積額 30）

　　　　（繰 越 利 益 剰 余 金）70　（債務保証損失準備金）　70

③ 弁済義務の確定（債務額 100）

　　　　（保　証　債　務）100　（保 証 債 務 見 返）100

　　　　（保 証 債 務 求 償 権）100　（保 証 債 務 未 払 金）100

④ 弁済の実行（支出額 100）

　　　　（保 証 債 務 未 払 金）100　（現　金　預　金）100

　　　　（債 務 保 証 損 失）70　（保 証 債 務 求 償 権）70

　　　　（債務保証損失準備金）70　（繰 越 利 益 剰 余 金）70

⑤ 未収金（弁済額）の回収（回収額 20）

　　　　（現　金　預　金）20　（保 証 債 務 求 償 権）30

　　　　（債 務 保 証 損 失）10

　この処理方法（以下，「準備金方式」と表記する）の特徴は，引当金がもつ将来発生費用の当期計上機能と将来の支出に対する資金準備機能を切り離し，債務保証損失引当金の設定目的を資金準備に限定したことにある（準備金という勘定科目を用いているのはそのためである）。いいかえれば，②の時点で準備金は設定されるが損失は計上されない。求償権が存在しないところに評価損は発生しえず，その求償権を取得するのは④の時点であるというのがその根拠である。これに対して本文中で示した仕訳方法は，確定債権としての求償権ではなく，保証債務見返勘定によって表示されている偶発債権に減価が発生した②の時点で損失を認識するものであり，その根拠は直接融資と債務保証のもつリスクの同一性にある。現在，筆者は本文中の仕訳方法を望ましいものと考えているが，準備金方式も資産の定義によって有効性をもつと考えている。

　むしろ準備金方式の問題点は③の処理方法にある。当時，このような仕訳方法を示したのは本文中で触れたように弁済義務と求償権の両者を認識しようとすれば弁済義務の認識に伴う損失の計上と求償権の認識に伴う利益の計上を避けられず，逆にこれらの損益の計上を避ければ弁済義務の発生を無視せざるをえない，というパラドックスに陥ったからにほかならない。このパラドックスから逃れるために【仕訳例 2-4】と同様に未払金の相手勘定を保証債務求償権としたが，準備金方式の基本思考を生かすならば，対照勘定の段階的取り崩しを組み合わせて以下の処理方法を提起すべきであった。

① 債務保証の実行（保証額100）

（保 証 債 務 見 返）100 （保　証　債　務）100
② 決算：保証先の財政状態が悪化（予想支出額100，回収見積額30）

（繰 越 利 益 剰 余 金）　70 （債務保証損失準備金）　70
③ 弁済義務の確定（債務額100）

（保　証　債　務）100 （保 証 債 務 未 払 金）100
④ 弁済の実行（支出額100）

（保 証 債 務 未 払 金）100 （現　金　預　金）100

（保 証 債 務 求 償 権）100 （保 証 債 務 見 返）100

（債 務 保 証 損 失）　70 （保 証 債 務 求 償 権）　70

（債務保証損失準備金）　70 （繰 越 利 益 剰 余 金）　70
⑤ 未収金（弁済額）の回収（回収額20）

（現　金　預　金）　20 （保 証 債 務 求 償 金）　30

（債 務 保 証 損 失）　10

# 第5章　収益認識プロジェクト
―理論と慣習の相克―

## 第1節　は　じ　め　に

　今世紀の初頭，あらゆる取引に適用できる包括的な収益認識モデルの開発作業がFASBとIASBの共同プロジェクトとしてスタートした。ただしその開発スタイルは，実務に根づいている各種の収益認識モデルの中から適切なものを抽出するというものではなく，逆に現行実務を支えている実現稼得過程アプローチの収益認識モデルを否定し，これに代えて，資産負債中心観に基づく収益認識モデルの開発を目指すものである。その核心部分は資産と負債の公正価値の変動に基づく収益の認識と測定であり，そのプロトタイプはプロジェクトの発足後，まもなく公表された。

　しかし議論は10年以上の長きにわたって展開され，その結果，2014年に公表されたのが国際財務報告基準（International Financial Reporting Standards: IFRS）15号『顧客との契約から生じる収益』[1]である。ただし，共同プロジェクトが当初導入を強く志向していた公正価値に基づく収益認識モデルはこの基準書から完全に姿を消した。

　本章では，伝統的な実現稼得過程アプローチと資産負債中心観に基づく2つの収益認識モデルを比較しながら，共同プロジェクトの基本モデルが公正価値の測定モデルから顧客対価の配分モデルに置き換わっていく過程を整理している。それは実務から大きく乖離した会計基準の開発プロジェクトが辿った経路

であり，それを確認するとき，現行実務を支えている実現稼得過程アプローチの重みを改めて知ることになると考える。

## 第2節　収益認識プロジェクトの目的と基本的スタンス

### 1　収益認識プロジェクトの発足

FASB は 2002 年に「収益及び負債の認識」を新たな検討項目（Technical Agenda）に加え，関係諸団体に対して同年5月までにコメントを寄せるように求めた[2]。この動きに呼応したのが IASB であり，同年9月に開催された合同会議の正式合意で，このプロジェクトが両審議会の共同事業としてスタートすることが決まった[3]。いわゆる「収益認識プロジェクト」がそれである。この合意の数ヵ月後に公表された FASB の文書（以下，「レポート」）によると，このプロジェクトは，あらゆる産業に適用できる包括的な収益認識基準の開発を目指しており，その理由として次の2つを挙げている。

まず，米国ではこれまで権威のレベルが異なる複数の基準設定機関が，産業別，取引別に各種の文書を公表してきたため，収益認識に関して 140 を超える基準や指針等が存在している[4]。その一方でサービスの提供に関する収益認識基準が存在しないなどの空白部分があり，さらに指針を必要とする新たな会計問題が次々に生じていることから，収益認識に関する包括的な基準の作成が必要であること。

いまひとつは，財務会計概念書（Statement of Financial Accounting Concepts: SFAC）6号『財務諸表の構成要素』と SFAC5 号『営利企業の財務諸表における認識と測定』の間にある不整合の解消である。すなわち SFAC6 号が資産負債中心観のもとに収益を資産と負債の変動の観点から定義しているのに対して[5]，SFAC5 号は実現稼得過程アプローチ（realization and earnings process approach）による収益の認識を求めている[6]。この状況のもとで SFAC5 号の収益認識基準を優先的に適用すれば，繰延収益など，義務が存在しない項目が貸借対照表に負債として計上されることになり，SFAC6 号の負債の定義との間

に矛盾が生じる。この矛盾の解消もプロジェクトの目的の1つとされた。[7]

　そしてレポートは，主要な検討課題として①収益の認識は資産と負債の認識基準に対してさらに追加された基準に従うべきか，②稼得過程は収益の認識基準として有効か，③収益と利益の区別は有効か，の3項目を示し，これらの問題に取り組むために実現稼得過程アプローチではなく，資産負債中心観に基づく資産負債アプローチ（assets and liabilities approach）を収益認識モデルとして採用すること，その際，資産はそれを獲得した時点，負債はそれが発生した時点の公正価値により測定されると述べている。

## 2　実現稼得過程アプローチの特徴

　ではなぜ共同プロジェクトは収益認識基準の開発にあたり，現行実務を支えている実現稼得過程アプローチを排除し，資産負債中心観を採用したのか。そのFASBの意図を理解するために，実現稼得過程アプローチの特徴を改めて整理してみよう。

　まず資産負債中心観と対比される収益費用中心観は，企業の利益稼得能力の測定を主要な目的とする会計観の総称であり，[8]企業が事業活動を通じて獲得した価値（収益）から，それを得るために消費した価値（費用）を控除し，差額を利益とする。この思考を具体化した収益認識基準が実現稼得過程アプローチであり，その内容はSFAC5号に示された収益認識の2つの要件，すなわち（a）実現あるいは実現可能と，（b）稼得過程の完了，に集約される。ここで（a）実現あるいは実現可能とは，企業の製品（財・サービス）が現金または現金請求権と交換されるということであり，そして（b）稼得過程の完了とは「企業が収益によって表現される便益を受け取るにふさわしい義務を，事実上，果たした」[9]こと，いいかえれば，企業が要求されていることを実質的に完了することをいう。[10]

　ここで改めて企業の収益稼得過程（営業循環過程）を整理すると，製造業のそれは次のようになる。[11]

　　　①製品の企画・立案

②販売契約（受注生産の場合）

③製品の製造に必要な財（原材料・機械等）・サービス（労働用役等）の購入

④製品の製造開始

⑤製品の製造終了

⑥販売契約（見込生産の場合）

⑦製品の販売（顧客への製品の引き渡しと売上債権の取得）

⑧現金の回収

　この一連の過程のうち，理論上はどの時点で収益を認識することも可能である。たとえば①製品の企画・立案を最大の収益源泉とみなす立場からは，①の完了時点で将来キャッシュ・フローを見積もり，その現在価値を収益として計上する処理方法の合理性が主張されるかもしれない。あるいは，顧客との売買契約の締結こそ収益獲得過程において最も重要な事象であると考えるならば，②または⑥の時点における収益の認識も不合理とはいえないであろう。実際，収益の認識時点には一定の幅があり，業態に応じて製品の製造期間（③～⑤），製品の完成時点（⑤），あるいは現金の回収時点（⑧）で収益を認識することが認められている。もちろん今日一般的な収益認識時点は製品の販売時点（⑦）とされているが，それを具体化した「販売基準」も，「出荷」⇒「納品」⇒「検収」のいずれの時点を製品の引き渡しの時点とみなすかにより，さらに「出荷（船荷）基準」「納品基準」「検収基準」に分かれる。

　もっともこのような認識時点の多様性は，実現稼得過程アプローチに不可避の属性ともいえる。なぜなら，このアプローチの収益認識は「仕入⇒製造⇒販売⇒回収」という一連の営業活動の中から収益の稼得が決定づけられる事象を特定する作業であり，その場合の収益稼得過程は業種・業態によって異なるだけでなく，事象の具体的な内容も観念上の定義によって異なったものになりうるからである。このような特性を前提とするとき，実現稼得過程アプローチの収益認識が弾力性を帯びるのは当然のことといえよう。しかし利益数値の弾力性や経営者による利益管理（Earnings Management）を排除しようとする立場

からは，この点が実現稼得過程アプローチ（収益費用中心観）の決定的な欠陥
とみなされることになる。それをうかがわせるのが，2003 年に SEC が公表し
た研究報告の中の次の文言である。

　「資産負債中心観（asset/liability view）では，……利益の決定は，……資産と
負債に生じた変動に基づく。そのためこの会計観における取引や事象の会計
は，関連する資産と負債，それらに生じる変動を識別することを含む。

　一方，収益費用中心観（revenue/expense view）では，基準設定者は一連の
取引に関連する収益と費用の直接的な認識と測定に重点を置いた基準の設定が
求められる。この会計観では貸借対照表は損益計算書の残渣となり，『貸借対
照表』を維持するために必要な資産，負債，そしてその他の見越し，繰延項目
がそこに含まれる。……

　会計上，富の識別は一連の取引に関連する資産と負債を識別することに等し
い。富の識別は一定期間の富のフローの結果である収益と費用を決定する際の
概念上のアンカーとなる。歴史的な経験によると，この概念上のアンカーがな
ければ収益費用中心観はアドホックで首尾一貫しないものになりうる。……

　歴史的な経験によると，資産負債アプローチ（asset/liability approach）は，
基礎にある経済的現実について最も強力な概念上の写像を提供することによ
り，基準設定過程における最適のアンカーになる。資産・負債による基礎付け
は，識別された資産・負債をいつ認識し，それらをどのように測定すべきかを
確定するための FASB の努力にとって，また基準の最適な適用範囲……を決
めるうえで決定的に重要であると我々は考える[12]」。なお，FASB もこの意見に
全面的に同意している[13]。

## 3　設例による資産負債アプローチの優位性の説明

　上述のように，FASB のレポートは資産負債中心観の採用と公正価値によ
る資産，負債の測定を基本方針として明記しているが[14]，その理由を述べてい
ない。その代わりに提示されているのが次の設例 5-1 である。

## 設例 5-1

　電器店は 1 年間の製品保証が付いたテレビを 1 台 250 ドルで仕入れ，300 ド
ルで販売している。電器店は製品保証期間をさらに 2 年間延長するサービスを
1 台につき 100 ドルで販売しており，その場合，製品保証期間は 3 年になる。
受領した保証料は顧客に返還しない。過去の経験から，販売したテレビ 10 台
につき 1 台が故障し，その修理に 140 ドルを要することがわかっている。な
お，電器店は 1 台当たり 30 ドルを支払ってこの製品保証業務を他の代行業者
に引き取ってもらうことができる。2002 年 6 月 1 日[15]，電器店は 2 年の製品保
証延長サービスが付いたテレビを 10 台販売し，全額現金で支払いを受けた。


実現稼得過程アプローチ

〔代行業者に製品保証業務を行ってもらう場合〕

　電器店は 2002 年 6 月 1 日に代金を現金で受領したため，収益は全額実現し
ている。また，①テレビの販売，②テレビの配達，③製品保証延長サービスの
販売，④製品保証業務のうち，電器店は④を代行業者に引き取ってもらう予定
である。したがって①の時点で収益の稼得過程はすべて完了したとみなし，収
益を全額認識する。その結果，損益計算は次のようになる。


　　収益 4,000［=10 台×@（300 + 100）］ドル－売上原価 2,500（=10 台×@ 250）ドル
　　－保証義務移転費用 300（=10 台×@ 30）ドル＝利益 1,200 ドル


〔自ら製品保証業務を行う場合〕

　この場合，電器店は延長された製品保証業務（2003 年 6 月 1 日から 2 年間）
を自ら行う予定である。つまり，④製品保証業務については収益の稼得過程が
完了していない。そのためこれに対応する 1,000 ドルを繰延収益（前受金）と
する。その結果，2002 年 6 月 1 日における損益計算は次のようになる。


　　収益 3,000（=10 台×@ 300）ドル－売上原価 2,500 ドル＝利益 500 ドル

　この際，製品保証の延長によって発生する費用が予測どおり 140 ドルであれば，2003 年 6 月 1 日から 2005 年 5 月 31 日までの 2 年間に次の補修利益 860 ドルが計上される。

　　繰延収益の実現額 1,000（10 台×@ 100）ドル－補修費 140（＝ 1 台×@ 140）ドル＝補修利益 860 ドル

　なお，延長された製品保証業務を自ら行うか否かの決定は販売後 1 年以内に行なわれる。これをいいかえれば，販売時の実現稼得過程アプローチに基づく会計処理の妥当性はこの意思決定が行われるまで明らかにならない。

資産負債アプローチ
　ここでいう資産負債アプローチは，資産と負債を公正価値で測定することが前提となっている。
　まず，電器店は代金をすべて現金で受領しているため資産が 4,000 ドル増加している。一方，電器店は製品保証義務が 2 年間延長されており，その公正価値（製品保証義務を第三者に引き取ってもらう際に支払うであろう金額）は合計 300 ドルである。つまり電器店はこの取引によって現金 4,000 ドルを受領し，300 ドルの負債を負ったため，差額（純資産の増加）の 3,700 ドルを収益として認識する[16][17]。その結果，2002 年 6 月 1 日の損益計算は次のようになる。

　　収益 3,700［10 台×@（300 ＋ 100）－ 10 台×@ 30］ドル－売上原価 2,500（＝ 10 台×@ 250）ドル＝利益 1,200 ドル

　つまりこの設例は，経営者の意図によって処理方法が大きく変化する実現稼得過程アプローチ[18]よりも，画一的な処理方法が導かれる資産負債アプローチの方が，利益の弾力性（利益の操作性）に対して抑制的であることを示そうとするもののようである。

## 第3節　資産負債中心観による収益認識モデルの構築

### 1　資産・負債の変動と認識の対象

　資産負債中心観の収益認識は，形式上，資産の増加，あるいは負債の減少（正確には純資産を増加させる資産・負債の変動）に基づいて行われる。ただし，あらゆる資産の増加，負債の減少が収益の認識対象になるわけではない。共同プロジェクトの議論を整理した 2008 年の IASB の議事録はこの点について設例の形で概略次のように述べている。[19]

**設例 5-2**

　会社は 6ヵ月以内に製品を製造し，納入する契約を顧客と締結した。会社は通常 6ヵ月以内に製品を製造し，顧客は事前に代金を支払う。

　この取引によっていくつかの資産と負債が現れるが，最も明らかな資産は顧客から受け取る現金である。その際，現金という資産の増加にのみ注目する単純なモデルでは，顧客の支払いによる現金の増加に基づいて収益を認識する。その場合，企業が実際に製品を納入したか否かは無視される。

　この取引で現れる現金以外の資産には企業が製造中の製品が含まれる。これにのみ注目するモデルの場合，収益は製造中の製品の価値の増加に基づいて認識される。そしてこの場合，何らかの負債が減少したか否か，あるいは他の資産が増加したか否かは無視される。

　設例では 6ヵ月以内に製品を製造し，納入するために経済的資源を犠牲にする義務がある。そのような負債の履行にのみ注目するモデルでは，顧客に対する負債の減少により収益を認識する。その場合，他の資産の増加は無視される。[20]

　以上の説明の後，この文書は「この設例で識別されたあらゆる資産と負債が実現可能性のある収益認識モデルの焦点になりうる。しかしどの資産あるいは

負債が収益認識を決定づけるかという点について概念上の正解，不正解はない。審議会ができることは，財務諸表の利用者にとって意思決定有用性があり，実行する価値があると思われる収益認識に結びつく可能性が最も高いと思われる資産あるいは負債を選択することである」と結んでいる。

## 2　収益概念の検討

　上記の説明にあるように，資産負債中心観の収益認識モデルを構築する場合，収益認識の根拠としていかなる資産の増加あるいは負債の減少を選択するかにより，モデルの内容が定まる。その選択の手がかりになるのが収益の定義であり，共同プロジェクトはその準備作業として次の4つの収益観（View）を検討している。その概要は次のとおりである。

(a)　流入総額説（The Gross Inflow View）

　　　顧客から得た対価によって収益を定義する。

(b)　負債消滅説（The Liability Extinguishment View）

　　　企業の顧客に対する履行義務（performance obligation）の消滅による負債の減少を収益とする。その義務は，企業が直接履行するか，第三者が企業の代わりに履行するかにかかわらず，顧客に対して財・サービスを提供することにより消滅する。

(c)　広義履行説（The Broad Performance View）

　　　顧客に製品（財・サービス）を提供するために不可欠な活動によって生じる資産の増加（資産の流入，あるいは資産の増価），あるいは負債の減少を収益とする。企業が自ら遂行した活動によってのみ，企業は収益を得る。

(d)　付加価値説（The Value Added View）

　　　企業の産出物の価値が，他の実体から購入した材料やサービス等の投入物の原価を超過する額として定義される。

　FASAC（Financial Accounting Standards Advisory Council）によると，共同プロジェクトは以上の収益観の中から資産と負債の変動に基づく負債消滅説と

広義履行説を選択し，その組み合わせについても議論している[25]。そして複合要素取引の設例を示しながら，負債消滅説と広義履行説について次のように説明している[26]。

## 設例5-3

　コンピュータ会社は製造原価1,500ドル（他企業からの仕入原価1,600ドル）の製品を2,000ドルで販売している。また，3年間の包括的な顧客サービス（製品，製品保証，サポートサービス）を3,000ドルで販売しており，いずれの場合も製品には1年間の製品保証が付されている。サポートサービスの別売り価格は年400ドル（3年で1,200ドル）であり，サポートに必要な原価は年270ドルと見積もられている。この会社はサポートサービスを年333ドルで他の会社に引き取ってもらうことがある。製品保証の原価は年150ドルだが，250ドルを支払うことでこの義務を第三者に引き取ってもらうことができる。会社は営業員に売上の4％の手数料を支払っている。

　まず，現行のGAAPによる処理は図表5-1のように示されている。
　次に負債消滅説の場合，履行義務を「卸売価値[27]」で測定し，それが履行されたときに収益を認識する。その場合，会社が自ら義務を履行するか否かにかかわりなく義務が消滅した時点で収益を認識する。その数値は図表5-2のようになる。
　そして広義履行説の場合，会社がすべての業務を自ら行う場合の数値は負債消滅説と同じである。これに対してサポートサービスと製品保証の覆行義務を第三者に移転した場合の数値は図表5-3のようになる。
　ここで改めてこの2つの収益観の違いを整理すると，負債消滅説では後述するように顧客との契約の存在が前提であるのに対して，広義履行説では契約の存在は必須ではない。そのため，広義履行説では契約が存在しなくても製品の製造に対して収益を認識することが可能だが，負債消滅説では収益は認識されない。一方，広義履行説では自ら業務を遂行することが収益を認識するための

## 図表5-1　現行 GAAP による処理

| | 販売努力 | ハードウエア | サポート | 製品保証 | 合計 |
|---|---|---|---|---|---|
| 収益 | | ① 1,875 | ② 1,125 | | 3,000 |
| 費用 | 120 | 1,500 | 810 | 150 | 2,580 |
| 利益（損失） | (120) | 375 | 315 | (150) | 420 |

（注）① $1,875=$3,000 × $2,000 ÷ $3,200, ② $1,125=$3,000 × $1,200 ÷ 3,200。つまり，①②は対価 $3,000 をハードウエアとサポートサービスの独立販売価格の比率で按分している。

## 図表5-2　負債消滅説による処理

| | 販売努力 | ハードウエア | サポート | 製品保証 | 合計 |
|---|---|---|---|---|---|
| 収益 | ④ 150 | ① 1,600 | ② 1,000 | ③ 250 | 3,000 |
| 費用 | 120 | 1,500 | 810 | 150 | 2,580 |
| 利益 | 30 | 100 | 190 | 100 | 420 |

（注）①ハードウエアの仕入価格（公正価値），②サポートサービスの第三者への移転価格：@ $333 × 3 年 = $1,000, ③製品保証義務の第三者への移転価格，④ $150 = $3,000 −①−②−③。

## 図表5-3　広義履行説による処理

| | 販売努力 | ハードウエア | サポート | 製品保証 | 合計 |
|---|---|---|---|---|---|
| 収益 | ④ 150 | ① 1,600 | 0 | 0 | 1750 |
| 費用 | 120 | 1500 | 0 | 0 | 1620 |
| 利益 | 30 | 100 | 0 | 0 | 130 |

（注）①と④の金額は負債消滅説と同じである。

前提になるが，負債消滅説ではその必要はない。そのため，第三者が業務を代行した場合，負債消滅説では収益を認識するが，広義履行説では収益を認識しない。

## 3　契約上の権利と義務

　以上4つの収益観の中から共同プロジェクトは負債消滅説を採用し，これに基づいた収益認識モデルを提案している。その場合のキーワードは強制力のある顧客との契約であり，IASB の議事録はその要点を次のように解説してい

る。

「顧客と契約を結ぶと，顧客から代金を受け取る権利と，経済的資源（財・サービス）を移転する義務が生じる。権利と義務の組み合わせは単一の（すなわち，純額により）資産あるいは負債として処理することが可能である。未履行の権利の測定値が未履行の義務の測定値を超過する場合[29]，その契約は資産として扱われ，未履行の義務の測定値が未履行の権利の測定値を超過する場合，その契約は負債として扱われる。契約資産と契約負債は未履行の権利と義務の観点から，契約における企業のネット・ポジション（純持高）を反映している。……契約における企業のネット・ポジションは，企業自体の業務の遂行，あるいは顧客による代金の支払いによって変化する。重要なことは，契約資産の減少も契約負債の増加も収益の認識に結び付かない点である。よって顧客の支払い自体は収益の認識に結び付かない[30]」。

## 第4節 現在出口価格アプローチと当初取引価格アプローチ[31]

収益認識プロジェクトが検討してきた各種の収益認識モデルは，現在出口価格を用いるモデルと，顧客対価を配分するモデルに収斂する。ここでは2つの収益認識モデルと実現稼得過程アプローチを比較しながら，それぞれの特徴を整理していくことにする[32]。

### 設例5-4[33]

①小型機械1,000CUを2ヵ月後に納入する契約を締結した。未履行の権利（代金を受け取る権利）と未履行の義務（小型機械を納入する義務）の現在出口価格はそれぞれ1,000CU，900CUである。

②契約の翌日，代金1,000CUを受け取った。

③小型機械の値上がりに合わせて，未履行の義務の現在出口価格が950CUに上昇した。

④契約から2ヵ月後，小型機械（簿価600CU）を納入した。

## （1）実現稼得過程アプローチ

［仕訳例］

① 仕訳なし

②（現　　　　　　　金）1,000（前　　受　　金）1,000

③ 仕訳なし

④（前　　受　　金）1,000（収　　　　　益）1,000

（売　上　原　価）600（製　　　品）600

②の時点で収益は全額実現（現金化）しているが，小型機械の納入によって稼得過程が完了するまで代金を繰延収益（前受金）とする。

## （2）現在出口価格アプローチ（Current Exit Price Approach）[34]

前述のように，資産負債中心観による収益認識モデルを構築する際，取引から生じる各種の資産・負債のうち，いずれを会計処理の対象にするかが決定的に重要になる。共同プロジェクトが提起した資産負債中心観の処理方法はこの資産・負債を「強制力のある顧客との契約」から生じる項目に限定したところに最大の特徴がある。すなわち顧客との契約により，企業は対価を受領する権利を得る一方，顧客に対して財・サービスを引き渡す義務を負う。この「未履行の権利（remaining unperformed rights）」の測定値と「未履行の義務（remaining unperformed obligations）」の測定値を比較し，前者が後者を上回る場合は，その差額を「契約資産」とし，逆の場合は「契約負債」とする。そしてこの契約資産が増加したとき，あるいは契約負債が減少したときに収益を認識する。

その際，未履行の権利と未履行の義務を現在出口価格によって測定するのが現在出口価格アプローチである。この場合の現在出口価格とは，企業の未履行の権利を第三者である市場参加者に譲渡する場合に受け取ると期待される金額，あるいは未履行の義務を第三者である市場参加者に引き受けてもらう場合に，企業が支払うと期待される金額である。その仕訳例は次のとおりである。

［仕訳例］

①小型機械1,000CUを2ヵ月後に納入する契約を締結した。未履行の権利

（代金を受け取る権利）と未履行の義務（小型機械を納入する義務）の現在出口価格はそれぞれ 1,000CU，900CU である。

①（契　　約　　資　　産）100（収　　　　　　　　　　益）100

契約の締結により，未履行の権利（代金を受け取る権利）が 1,000CU 増加し，未履行の義務（商品を納入する義務）が 900CU 増加する。その結果，契約資産が 100CU（＝未履行の権利 1,000CU ＋未履行の義務 900CU）[35]増加するため，これを収益として認識する。

②契約の翌日，代金 1,000CU を受け取った。

②（現　　　　　　　　　金）1,000（契　　約　　資　　産）100
　　　　　　　　　　　　　　　　　（契　　約　　負　　債）900

代金を受領した時点で未履行の権利 1,000CU が現金 1,000CU に置き換わる。それによって未履行の権利が消滅するため，契約資産 100CU が消滅し，契約負債が 900CU（＝未履行の権利 0CU ＋未履行の義務 900CU）増加する。

③小型機械の値上がりに合わせて，未履行の義務の現在出口価格が 950CU に上昇した。

③（契　　約　　損　　失）50（契　　約　　負　　債）50

未履行の義務の現在出口価格が 900CU から 950CU に上昇したため，契約負債が 900CU から 950CU（＝未履行の権利 0CU ＋未履行の義務 950CU）に増加する。この増加分 50CU は収益のマイナスではなく，契約損失として認識される。収益のマイナスとしないのは，ここでの契約負債の増加が収益の定義に合致しないためと説明されている[36]。

④契約から 2ヵ月後，小型機械（簿価 600CU）を納入した。

④（契　　約　　負　　債）950（収　　　　　　　　　益）950
　（売　　上　　原　　価）600（製　　　　　　　　　品）600

未履行の義務（小型機械を納入する義務）を充足したため，契約負債 950CU が消滅する。それを収益として認識し，顧客に提供した機械の簿価 600CU を売上原価として計上する。

以上の取引をまとめると，図表 5-4 になる。

**図表 5-4　現在出口価格アプローチによる収益の認識**

| | ①契約時 | ②入金時 | ③値上時 | ④納品時 | 合計 |
|---|---|---|---|---|---|
| 損益計算書 | | | | | |
| 　収　　益 | 100 | | | 950 | 1,050 |
| 　契約損失 | | | (50) | | (50) |
| 　売上原価 | | | | (600) | (600) |
| 　利　　益 | 100 | | (50) | 350 | 400 |
| 貸借対照表 | | | | | |
| 　現　　金 | | 1,000 | | | |
| 　製　　品 | | | | (600) | |
| 　契約資産 | 100 | | | | |
| 　契約負債 | | (900) | (950) | 0 | |
| 未履行の権利 | 1,000 | 0 | 0 | 0 | |
| 未履行の義務 | (900) | (900) | (950) | 0 | |

　ところで，図表 5-4 に示されているように，未履行の権利や未履行の義務の現在出口価格の変動（したがって契約資産，契約負債の変動）を，契約損失あるいは契約利益として処理すると，収益の認識額（1,050CU）と収入額（＝顧客対価 1,000CU）が一致しない。この会計処理は現行の会計実務と大きく異なるものであり，その理由は次のように説明されている。

　現行実務では，各期の収益額は過去の顧客対価に拘束される。しかし，未履行の義務の現在出口価格が上昇すれば，当然，契約価格も上昇すると考えなければならない。仮に契約時の両者の差額を 100CU とすれば，出口価格が上昇した③の時点で新規契約価格は 1,050CU になるはずである。未履行の義務を現在出口価格で測定すれば，その価格変動を収益額に反映することができ，それによって収益の現在価値を表示できる[37]とされている[38]。

　ただし，このアプローチにおいても，すでに確定した収益額を市場の動向に合わせて逐次修正していくわけではない。期中に完結した契約については，その時点で認識された収益額がそのまま引き継がれる。

### (3) 当初取引価格アプローチ （Original Transaction Price Approach）

　現在出口価格アプローチの最大の特徴は未履行の権利と義務を現在出口価格で測定するところにあるが，この価格を観察することは通常不可能である。また，このアプローチを採用すれば契約時点で収益（したがって利益）が認識され，さらに未履行の義務の変動額を契約損失あるいは契約利益として処理すれば，収益額と顧客対価（収入額）の間に乖離が生じる。これらの処理は現在出口価格アプローチの論理的帰結であっても，実現稼得過程アプローチに慣れた会計人がそれを受け入れることは難しい。これに対して現行実務と親和性が高いのが当初取引価格アプローチである。具体的には，顧客対価（契約額）を契約上の履行義務（performance obligation）に配分することで未履行の権利と未履行の義務の金額を一致させ，契約時点における損益の認識を避ける。そして契約後は，その契約から損失が発生するとみなされる場合を除き，履行義務の再測定を行わない。

　［仕訳例］

①小型機械 1,000CU を 2ヵ月後に納入する契約を締結した。未履行の権利（代金を受け取る権利）と未履行の義務（小型機械を納入する義務）の現在出口価格はそれぞれ 1,000CU，900CU である。

　①　仕訳なし

　当初取引価格アプローチも，契約資産の増加，契約負債の減少を収益として認識する点は現在出口価格アプローチと同じである。ただしこのアプローチでは未履行の義務を現在出口価格 900CU ではなく，顧客対価 1,000CU によって測定する。それによって未履行の権利と未履行の義務がともに 1,000CU で等しくなるため，契約資産も契約負債も現れない。そのため契約時に収益（したがって利益）は認識されない。

②契約の翌日，代金 1,000CU を受け取った。

　②　（現　　　　　　　金）1,000 　（契　　約　　負　　債）1,000

　代金を受領した時点で未履行の権利 1,000CU が現金 1,000CU に置き換わる。それによって未履行の権利が消滅するため，契約負債が 1,000CU（＝未履行の

権利0CU＋未履行の義務1,000CU）増加する。

③小型機械の値上がりに合わせて，未履行の義務の現在出口価格が950CU
に上昇した。

③　仕訳なし

取引から損失が予測される状況ではないため，履行義務の再測定を行わな
い。

④契約から2ヵ月後，小型機械（簿価600CU）を納入した。

④　（契　　約　　負　　債）1,000（収　　　　　　　益）1,000
　　（売　　上　　原　　価）600（製　　　　　　　品）600

小型機械の納入により，契約負債1,000CUが消滅するため，収益を認識す
る。そして製品の流出を売上原価とする。

以上の取引をまとめると，図表5-5になる。

設例5-4では，小型機械の納品という単一の履行義務を対象にしたが，顧
客との契約が複数の履行義務で構成されている場合の処理は次のようになる。

**図表5-5　当初取引価格アプローチによる収益の認識**

| | ①契約時 | ②入金時 | ③値上時 | ④納品時 | 合計 |
|---|---|---|---|---|---|
| 損益計算書 | | | | | |
| 収　　益 | | | | 1,000 | 1,000 |
| 契約損失 | | | | | |
| 売上原価 | | | | (600) | (600) |
| 利　　益 | | | | 400 | 400 |
| 貸借対照表 | | | | | |
| 現　　金 | | 1,000 | | | |
| 製　　品 | | | | (600) | |
| 契約資産 | | | | | |
| 契約負債 | | (1,000) | (1,000) | 0 | |
| 未履行の権利 | 1,000 | 0 | 0 | 0 | |
| 未履行の義務 | (1,000) | (1,000) | (1,000) | 0 | |

図表5-6　現在出口価格アプローチによる収益の認識

|  | ①契約時 | ②納品時 | ③据付時 | ④入金時 | 合計 |
|---|---|---|---|---|---|
| 損益計算書 |  |  |  |  |  |
| 収　　益 | 100 | 700 | 200 |  | 1000 |
| 費　　用 |  | 600 | 150 |  | 750 |
| 利　　益 | 100 | 100 | 50 |  | 250 |
| 貸借対照表 |  |  |  |  |  |
| 現　　金 |  |  | (150) | 1000 |  |
| 製　　品 |  | (600) |  |  |  |
| 契約資産 | 100 | 800 | 1000 | 0 |  |
| 契約負債 |  |  |  |  |  |
| 未履行の権利 | 1000 | 1000 | 1000 | 0 |  |
| 未履行の義務 | (900) | (200) | 0 | 0 |  |

## 設例5-5

　顧客の工場に機械を据え付ける契約を締結した。顧客は代金1,000CUを据付後に支払う。契約直後の未履行の権利の公正価値は1,000CU，未履行の義務の引き取りに対して市場参加者が要求する金額は900CUである。納入した機械の帳簿価額は600CU，機械の据え付け作業に対して市場参加者が要求する金額は200CU，据付に要したコストは150CU（現金払い）である。

## (1) 現在出口価格アプローチ

①契約時：契約時の未履行の権利（代金を受け取る権利）は1,000CUである。一方，未履行の義務の現在出口価格が900CUのため，契約資産100CU（＝未履行の権利1,000CU＋未履行の義務900CU）と同額の収益を認識する。

②納品時：機械の納入によって未履行の義務が200CUになり，契約資産が100CUから800CU（＝未履行の権利1,000CU＋未履行の義務200CU）に増加する。そのため，収益700CUを認識する。

③据付時：据え付けによって未履行の義務が0CUになり，契約資産が800CUから1,000CU（＝未履行の権利1,000CU＋未履行の義務0CU）に増加

図表5-7　当初取引価格アプローチによる収益の認識

|  | ①契約時 | ②納品時 | ③据付時 | ④入金時 | 合計 |
|---|---|---|---|---|---|
| 損益計算書 |  |  |  |  |  |
| 収　　益 |  | 773 | 227 |  | 1000 |
| 費　　用 |  | 600 | 150 |  | 750 |
| 利　　益 |  | 173 | 77 |  | 250 |
| 貸借対照表 |  |  |  |  |  |
| 現　　金 |  |  | (150) | 1000 |  |
| 製　　品 |  | (600) |  |  |  |
| 契約資産 | 0 | 773 | 1000 | 0 |  |
| 契約負債 |  |  |  |  |  |
| 未履行の権利 | 1000 | 1000 | 1000 | 0 |  |
| 未履行の義務 | (1,000) | (227) | 0 | 0 |  |

する。したがって収益200CUを認識する。

## (2) 当初取引価格アプローチ

　このモデルでは，契約上の履行義務を機械の納入と据付作業に分解し，これに顧客対価（契約額）を配分することで契約時の未履行の権利と未履行の義務の金額を一致させ，それによって契約時の損益の認識を避ける。具体的には，機械の納入と据付作業を別々に販売する場合の価格（公正価値）の比率によって顧客対価1,000CUを2つの履行義務に配分する。ここで機械の販売価格を850CU，据付作業の販売価格を250CUとすると，契約時の履行義務は，機械の納入義務773CU（=1,000CU × 850CU ÷ 1,100CU）と，据付義務227CU（=1,000CU × 250CU ÷ 1,100CU）に分解される。

　①契約時：契約時に代金を受け取っていないため，未履行の権利が1,000CU，未履行の義務が1,000CUとなる。そのため契約資産，契約負債のいずれも発生しない。したがって収益も費用も認識しない。

　②納品時：機械の納入により，未履行の義務が773CU減少する。それによって増加した契約資産773CU（＝未履行の権利1,000CU＋未履行の義務227CU）を収益として認識する。

図表 5-8　実現稼得過程アプローチによる収益の認識

|  | ①契約時 | ②納品時 | ③据付時 | ④入金時 | 合計 |
|---|---|---|---|---|---|
| 損益計算書 |  |  |  |  |  |
| 収益 |  | 773 | 227 |  | 1000 |
| 費用 |  | 600 | 150 |  | 750 |
| 利益 |  | 173 | 77 |  | 250 |
| 貸借対照表 |  |  |  |  |  |
| 現金 |  |  | (150) | 1000 |  |
| 製品 |  | (600) |  |  |  |

③据付時：機械の据え付けにより未履行の義務 227CU が消滅するため，契約資産が 773CU から 1,000CU（＝未履行の権利 1,000CU ＋ 未履行の義務 0CU）に増加する。この増加額 227CU を収益として認識する。

### (3) 実現稼得過程アプローチ

基本的には，当初取引価格アプローチと同様の処理になる。

②納品時：機械の納入に対応する収益 773CU（＝1,000CU × 850CU ÷ 1,100CU）を認識する。

③据付時：機械の据え付けに対応する収益 227CU（＝1,000CU × 250CU ÷ 1,100CU）を認識する。

## 第 5 節　欧　州　の　動　向

### 1　EFRAG による代替案の提示

2007 年 7 月，EFRAG（European Financial Reporting Advisory Group）がドイツの会計基準委員会（Deutsches Rechnungslegungs Standards Committee − DRSC）と共同で討議資料「収益認識−欧州の提案[39]」を公表した。これは「欧州における事前会計活動」（Proactive Accounting Activities in Europe − PAAinE）の一環であり，IASB の基準の公表に先駆けて意見を表明し，議論を喚起することで会計基準の作成過程に影響を与えることを目的としている。

　この討議資料も，FASB/IASB の共同プロジェクトと同様に資産負債中心観に基づいて収益認識基準を開発することを明らかにしており，収益の定義においても資産の増加あるいは負債の減少との関係を意識している。しかしこの討議資料で定義された収益は「企業が顧客との契約に従って活動を遂行することで生じる経済的便益の流入総量[40]」であり，収益の実体を価値のフロー（経済的便益の流入総量）に求めている点で，この定義は資産負債中心観というよりも，むしろ収益費用中心観的である。

　またこの討議資料は，収益認識の基本思考を「決定的事象アプローチ（critical events approach）」と「継続アプローチ（continuous approach）」に大別しているが，そこで説明されているアプローチもまた実現稼得過程アプローチの色彩が濃いものとなっている。その概要は次のとおりである。

## 2　決定的事象アプローチ

　これは，契約に示された特定の事象（これを決定的事象という）が発生した時点で収益を認識する思考をいう。ただし，何を決定的事象とするかによって以下のアプローチが成立する。

### ①　アプローチ A

　顧客に対する対価の請求権の獲得を新たな資産の増加とし，その請求権が完全に確定する時点，すなわち顧客との契約をすべて履行した時点で収益を一括して認識する思考をいう。このアプローチは対価の請求権（資産）に基づいて収益を認識する点で一見資産負債中心観的である。しかし契約の完全な履行を決定的事象とすることは，その時点を収益稼得過程の完了時点とみなすことに他ならない。つまりその実質は実現稼得過程アプローチに等しい。

### ②　アプローチ B

　法律上，契約の完全履行前に請求権が発生するケースがある。そこで，契約内容がいくつかの部分に分割されており，それぞれの履行ごとに対価の請求権が発生することが契約条件として明記されている場合に限り，その部分契約の履行時点で収益を認識するのがこのアプローチである。ただしその実質は部分

契約ごとに実現稼得過程アプローチを適用するのと同じである。

③　アプローチC

　たとえば受注製品の製造のように，対価の請求権の獲得以外にも収益に結びつく資産の増加や負債の減少があると考えるのがこのアプローチである。そこで，契約全体を顧客にとって価値ある物（item of part-output）の生産に必要ないくつかの作業に分割し，各作業が完了した時点で収益を認識していくのがこのアプローチである。すなわち企業の棚卸資産の価値の増加を収益として認識するところにこのアプローチの特徴があるが，ただしその生産物は顧客の本来の目的どおりに使用できる状態になければならない。であればこのアプローチによって未完成の工事等の収益を認識することはできないことになる。

## 3　継続アプローチ

　継続アプローチは，履行義務の遂行に焦点を当てるのではなく，企業の活動に焦点を当てて収益を認識する思考をいう。

④　アプローチD

　このアプローチでは全契約過程で継続的に収益が認識される。このアプローチを適用するためには契約の進行を最もよく反映する指標が必要になるが，それには（a）契約に固有の原価の発生，（b）取引に固有のリスクの減少，（c）契約のもとで生産された製品の価値の増加，（d）時間の経過などがあげられている。

## 4　4つのアプローチの特徴

　FASB/IASB の共同プロジェクトが「履行義務」の減少に基づいて収益を認識するのに対して，上記 EFRAG の4つのアプローチは各種の「資産の増加」に基づいて収益を認識するものとなっている。ここで改めて4つのアプローチを現行の実務と対比するならば，アプローチAは，収益の稼得過程がすべて完了し，対価が確定した時点で収益を認識する思考，アプローチBは契約を複数の部分契約に分割し，それぞれの履行について対価が確定した時点で収益

を認識する思考であり，これらは実現稼得過程アプローチとその実質において異なるところはない。次にアプローチCは，1個の契約に含まれる部分生産物が完成した時点で収益を認識する思考であり，生産基準（収穫基準）を段階的に適用する場合に近似する。アプローチDは，契約の目的物を生産する全過程で収益を認識する思考であり，その実質は工事進行基準と変わらない[41]。

　このようにEFRAGが提起した収益認識モデルはFASB/IASBと同じ資産負債中心観の外形を採りながらも，それらは現在出口価格アプローチのように公正価値による測定を前提としたものではない。またFASB/IASBが負債の減少を収益認識の根拠としているのに対して，EFRAGは上記のように資産の増加にそれを求めている。このようにEFRAGは実務上許容できる資産負債中心観の収益認識モデルを示すことで，FASB/IASBが強く導入を意識してきた現在出口価格アプローチを相対化しているといえる。

## 第6節　IFRS15号の公表

### 1　現在出口価格アプローチの放棄

　FASB/IASBは2008年12月，これまでの共同プロジェクトの成果を集約した討議資料『顧客との契約における収益認識についての予備的見解』[42]（以下，「討議資料」）を公表した。この討議資料で特に注目されるのは，共同プロジェクトが資産負債中心観を採用したことに関して次のように述べている点である。

　「資産及び負債の変動に焦点を当てることにより，両審議会は稼得過程アプローチを放棄することを意図しているのではない。反対に，両審議会は資産及び負債の変動に焦点を当てることは<u>稼得過程アプローチに規律をもたらし，企業が収益をより整合的に認識できるようになると考えている</u>[43]」（下線部分―引用者―）。

　前述のように，FASB/IASBの共同プロジェクトは関連する資産と負債を公正価値で測定し，その増減に基づいた収益認識モデルの開発を目的としてスタ

ートした。その基本思考をそのまま体現しているのが現在出口価値アプローチ
（公正価値アプローチ，測定モデル）であり，2002 年以来，この方式が議論の中
心に置かれていた。ところが討議資料ではこの方式の採用が断念され，当初取
引価格アプローチ（顧客対価モデル，配分モデル）の採用を前提に意見聴取が行
われた。

　その際，FASB/IASB が現在出口価格アプローチを断念した理由を次のよう
に列挙している。(a) 契約時点で収益を認識する可能性があること，(b) 現
在出口価格は滅多に観察できないこと，(c) 契約開始時における履行義務の識
別に誤謬のリスクがあること[44]。

　ところで，FASB/IASB が収益を「(a) 顧客に対する財・サービスの提供を
内容とする強制力のある契約の獲得と，(b) 顧客に対する財・サービスの提
供の結果生じる契約資産の増加，あるいは契約負債の減少[45]」と定義し，また
FASB/IASB と並行して資産負債中心観による収益認識モデルを開発していた
EFRAG も，収益を「企業が顧客との契約に従って活動を遂行することで生じ
る経済的便益の流入総量[46]」と定義しているように，収益の認識には企業の目
的意識的な財・サービスの生産販売活動の遂行が予定されている。その点で，
財・サービスをまだ提供していない契約時点で収益を認識する現在出口価格ア
プローチに対して，強い違和感が生じるのは当然のことのように思われる。

　また，現在出口価格アプローチを採用する場合，履行義務の現在出口価格を
測定する必要がある。しかし企業の履行義務（財・サービスの提供義務）を売買
する市場は一般に存在しない。そのため現在出口価格による履行義務の測定
は，取引価格の配分計算に比べて技術的に困難であり，その推定値は当然弾力
的になる。元々資産負債中心観の導入には，経営者の判断による利益数値の変
動を抑止する目的があったと思われるが，現在出口価格による測定はその目的
を否定することになりかねない。

　さらに履行義務の測定についてみた場合，これを第三者に移転する場合の支
出額で測定するのではなく，自ら義務を遂行する場合に必要となる将来キャッ
シュアウトフローの割引現在価値で測定することもできるはずである（ただ

し，その金額は企業ごとに異なったものになりうる）。にもかかわらず企業の清算を予定するような第三者への移転価格だけを用いる点にも違和感を生み出す原因があると思われる。

　このように考えるとき，FASB/IASB が現在出口価格アプローチを放棄し，当初取引価格アプローチを採択せざるをえなかったのはある程度自然の成り行きともいえよう。

　ここで改めて 2 つのアプローチの特徴を要約すると次のようになる。

〔現在出口価値アプローチ〕

　　収益の認識根拠…契約資産の増加・契約負債の減少

　　収益の測定基礎…未履行の権利・義務の現在出口価値

〔当初取引価格アプローチ〕

　　収益の認識根拠…契約資産の増加・契約負債の減少

　　収益の測定基礎…顧客対価（顧客からの収入）

　両者を比較すると明らかなように，これらはいずれも契約資産・契約負債（実質は未履行の権利・義務）の変動に基づいて収益を認識する点で，資産負債中心観に属する。しかし，現在出口価値アプローチが公正価値（現在出口価格）によって未履行の権利と義務を測定するのに対して，当初取引価格アプローチは顧客対価（顧客からの収入）を未履行の義務に配分する方式である。すなわち現在出口価値アプローチが「ストックの変動による収益の認識＋公正価値に基づく収益の測定」の構造であるのに対して，当初取引価格アプローチは「ストックの変動による収益の認識＋顧客対価の配分による収益の測定」の構造である。つまり当初取引価格アプローチは資産負債中心観による認識と収益費用中心観による測定を組み合わせたハイブリッド型の収益認識モデルといえる。

　この際，注目すべきは，設例 5-5 で確認したように，当初取引価格アプローチの計算結果（図表 5-7）と実現稼得過程アプローチの計算結果（図表 5-8）が等しくなる点である。これをいいかえれば，当初取引価格アプローチは外形上資産負債中心観であっても，その実質は実現稼得過程アプローチに等しい。

　討議資料の公表後，IASB は 2010 年 6 月，利害関係者のコメントを受け，

公開草案『顧客との契約から生じる収益[47]』を公表した。ここでも討議資料と同様に当初取引価格アプローチの収益認識モデルが提案されており，この点は2011年11月に公表された改訂公開草案『顧客との契約から生じる収益[48]』においても同じである。

### 2　IFRS15号の特徴

2014年5月，FASBとIASBの共同プロジェクトである「収益認識」の成果が，スタートから12年以上の審議を経てIFRS15号として公表された[49]。その基本構造は当初取引価格アプローチに基づいており，その骨子は次のとおりである。

### (1)　収益の認識

収益は次の5段階の手続により認識される[50]。

ステップ1：「顧客との契約の識別」

　　ここでいう契約とは，2つ以上の当事者間で交わされた強制力のある権利と義務を産み出す合意を意味している。

ステップ2：「契約における履行義務の識別」

　　契約は顧客に財・サービスを提供する約束で成り立っているが，その財・サービスが識別可能な場合，一定の条件のもとに，それぞれの約束を別々の履行義務として処理する。

ステップ3：「取引価格の決定」

　　取引価格は顧客に財・サービスを提供することで企業が得ると期待している契約上の対価の金額をいう。取引価格には値引き，割り戻し，返金，返品付販売等による変動対価[51]や現金以外の対価が含まれることがある。その場合，変動対価は期待値，あるいは最も発生確率が高い金額によって見積もらなければならない[52]。

ステップ4：「取引価格の履行義務への配分」

　　個々の財・サービスの独立販売価格の比率により，取引価格を個々の履行義務に配分する。独立販売価格を観察できない場合，企業はそれを見積も

る。

ステップ5：「履行義務の遂行時点（遂行期間）における収益の認識」

　　企業は，顧客に対する財・サービスの提供により履行義務を果たしたとき
（顧客が財・サービスの支配を獲得したとき）[53]に収益を認識する。収益の金額
は遂行された履行義務に配分されていた金額である。履行義務は，財を移転
するときのように一時点で遂行されることもあれば，サービスを移転すると
きのように一定期間にわたって遂行されることもある。後者の場合，履行義
務の完了に向けた進捗度を表す適当な方法により，一定期間にわたって収益
を認識する。

### (2)　契 約 コ ス ト

　共同プロジェクトが当初意図していた現在出口価格アプローチを適用した場
合，契約の締結時点で収益が認識されることがある。しかしこの収益は，契約
の獲得のためにすでに発生している費用と相殺されるため，このアプローチを
採用すれば契約締結前に発生した販売手数料や直接費用等を繰り延べる必要が
ないと説明されていた。[54]

　しかし，IFRS15号は契約締結時に収益を認識しない当初取引価格アプロー
チを採用したため，回収の見込みがある場合は，販売手数料等，契約の獲得の
ために発生した増分コストを資産として繰り延べるものとしている。[55]

### (3)　開　　　示

　IFRS15号は，企業が財務諸表の利用者に，収益の性格，金額，時期，不確
実性と，顧客との契約から生じるキャッシュ・フローに関する包括的な情報を
提供するため，以下の開示項目を定めている。[56]

　(a) 顧客との契約を通じて認識した収益
　(b) 売掛金，契約資産，契約負債の期首期末の残高を含んだ契約残高[57]
　(c) 企業が通常履行義務を遂行する時期，契約中の未履行の義務に配分され
　　　た取引価格を含んだ履行義務
　(d) 契約に対して規定を適用する際の重要な判断，その判断の変更
　(e) 顧客との契約を獲得し，履行するためのコストのうち，資産としたもの

## 第7節　お　わ　り　に

　資産負債中心観といえども，あらゆる資産の増加，負債の減少が収益として認識されるわけではない。上述のように，実現稼得過程アプローチはもとより，資産負債中心観においても収益の認識の背後には財・サービスの生産販売活動の遂行（完了）が予定されている。この点で，契約時点において直ちに収益を認識する現在出口価格アプローチには強い違和感が生じることになる。

　また，公正価値による契約資産と契約負債の変動の測定には実現稼得過程アプローチにはない煩瑣な手続が必要であり，販売価格をそのまま収益として計上する現行実務に比べて大きなコストを伴う。なによりも現在出口価格アプローチの適用に必要なデータ（企業の履行義務の売買価格）が存在しない。

　一方，共同プロジェクトが否定した実現稼得過程アプローチは，①財・サービスの顧客への引き渡し（営業活動の実質的な完了）と，②流動性のある対価（現金，あるいは現金同等物）の獲得を基本要件として収益を認識する。たしかにその適用形態は事業や取引の種類に応じて多様化するものの，そこには顧客への財・サービスの提供による「履行義務の消滅」と，現金や売上債権の取得という「資産の増加」の事実が共通して存在している[58]。したがって，顧客対価の配分によって履行義務を測定する当初取引価格アプローチと実現稼得過程アプローチの間に実質的な差異は生じない。あるいは同一のモデルをフロー面から見れば実現稼得過程アプローチになり，これをストック面から見れば資産負債中心観になるともいえる。このように理解するとき，FASB/IASB が現在出口価格アプローチを断念し，実現稼得過程アプローチの変形ともいえる当初取引価格アプローチを採用したのは当然の帰結ともいえよう。

　ただし，実現稼得過程アプローチに代えて，当初取引価格アプローチを導入した意味は小さくない。なぜなら当初取引価格アプローチと現在出口価格アプローチはいずれも契約資産と契約負債の変動に基づいて収益を認識する構造であり，両者の違いは未履行の権利と義務の測定属性に集約されるからである。

いいかえれば，未履行の権利と義務の測定属性を現在出口価格に切り替えれば，当初取引価格アプローチは即座に現在出口価格アプローチの収益認識モデルに変身する。もちろんその蓋然性は小さいとしても，この当初取引価格アプローチが，将来，公正価値測定に基づく収益認識モデルへの過渡的形態として位置づけられる可能性がないわけではない。<sup>59</sup>

1　IASB, IFRS15, *Revenue from Contracts with Customers*, 2014.（IFRS 財団編，企業会計基準委員会・財務会計基準機構監訳『国際財務報告基準（IFRS）2015』中央経済社，2015 年。）

2　その際，収益に関して 11 の課題を提示しているが，そのうち以後の議論に直結する部分を抽出すると次のとおりである（FASB, *Proposal for a New Agenda Project Issues Related to the Recognition of Revenues and Liabilities*, January 2002）。

　　1.「稼得利益」の認識に関し，概念書 5 号が示している追加的な基準について。
　　　(a) 実現または実現可能という基準は除去すべきか，そうでなければ（どのように）修正すべきか。
　　　(b) 稼得したという基準は除去すべきか，そうでなければ（どのように）修正すべきか。基準は企業の業務（performance）に着目すべきか，そうであるなら業績をどのように定義すべきか。
　　　(c) 基準は，収益と負債の認識の間で矛盾が生じる可能性を排除するために，資産と負債の変動について明示的に言及すべきか。
　　2. 審議会は，ただひとつの（only one set）認識基準を包括利益のすべての構成要素に適用するために，稼得利益の概念と関連の認識基準を排除すべきか。……
　　3. 利得は収益と別に定義する必要があるか。……
　　4. 収益は，資産の流入，資産の増価，負債の減少の観点から定義し続けるべきか。……それとも（FASB が提案しているように）収益は企業が顧客に対する義務を履行することによって生じる資産の流入，あるいは負債の減少の観点から定義すべきか。……
　　5. 企業が全部ではなく部分的に業務を履行していた場合，いかなる状況のもとで収益の認識が必要となるか。……
　　9. いかなる状況において，収益の金額は，すでに発生した原価の比率等に基づくべきか。
　　10. 収益の認識に関連する資産と負債の公正価値をどのように決定するかについて追加的な指針が必要か。

3　FASB, "Revenue Recognition–The Issues Related to Pursuing a Joint Project,"

Minutes of the September 18, 2002, FASB/IASB, Board meeting, September 25, 2002.

4　IASB の資料では，米国だけで 200 を超える文書があると述べている（IASB, Revenue Recognition: An asset and liability approach（Agenda paper 4B），Information for Observers, 14 November 2007）。

5　「収益とは，財貨の引渡もしくは生産，用役の提供，または実体の進行中の主要なまたは中心的な営業活動を構成するその他の活動による，実体の資産の流入その他の増加もしくは負債の弁済（または両者の組み合わせ）である」（FASB, SFAC6, *Elements of Financial Statements*, 1985, para. 78, 平松一夫・広瀬義州訳『FASB 財務会計の諸概念（増補版）』中央経済社，2002 年，324 頁）。

6　「収益および利得は，実現したときまたは実現可能となってはじめて認識される。……収益は，稼得されてはじめて認識される」（FASB, SFAC5, *Recognition and Measurement in Financial Statements of Business Enterprises*, 1984, para. 83, 同書，249-250 頁）。

7　辻山は，SFAC6 号の営利企業に関する内容が，SFAC5 号以前に公表されていた概念書 3 号とほぼ同一であることを想起すれば，SFAC5 号と SFAC6 号が公表の当初から矛盾する関係にあったとは思えないとの認識のもとに（辻山栄子「収益の認識をめぐる概念フレームワーク」『企業会計』第 57 巻第 7 号，2005 年，7-8 頁），次の興味深い指摘をしている。「資産・負債の定義に合致するもののうち，どの部分を会計上認識すべきなのか。さらに，認識された資産・負債（純資産）の期間変動額にどのような意味を与えるべきなのか。その問題を扱ったのが SFAC5 号に他ならない。……SFAC6 号の定義を満たさないものはもともと認識測定の対象にされないから，SFAC6 号の規定とSFAC5 号の規定の間に矛盾があるという指摘はそもそも当を得ていない」（同論文，9頁）。

8　FASB, Discussion Memorandum, *An Analysis of Issues Related to Conceptual Framework for Financial Accounting and Reporting: Elements of Financial Statements and Their Measurement*, paras. 38-42, 津守常弘監訳『FASB 財務会計の概念フレームワーク』中央経済社，1997 年，55-57 頁。

9　FASB, SFAC5, para. 83, 平松一夫・広瀬義州訳，前掲書，250 頁。

10　Financial Accounting Standards Advisory Council（FASAC），*Revenue Recognition and Related Issues*, Attachment F, December 2003. ここで取り上げている実現稼得過程アプローチでは実現概念と稼得概念を切り離し，実現を現金ないし現金等価物の取得の意味に限定しているが，たとえば APB 意見書 4 号は「実現：収益は一般的に以下の 2つの要件が整ったときに認識される。(1) 稼得過程が完全に，あるいはほぼ完全に完了すること，(2) 交換が行われていること」（Accounting Principles Board（APB），Statement of the Accounting Principles Board No. 4, *Basic Concepts and Accounting Principles Underlying Financial Statements of Business Enterprises*, 1970, para. 150）と述

べ，実現概念に稼得過程の完了を含めている。一方，わが国では実現の基本要件として
①顧客に対する財・サービスの提供と，②流動性のある対価の取得を挙げるのが一般的
である（神戸大学会計学研究室編『会計学辞典第五版』同文舘出版，2001 年，森田哲
彌・岡本清・中村忠編集代表『会計学大辞典（第四版増補版）』中央経済社，2001 年）。
なお，実現概念が混乱する理由については，森田哲彌「実現概念・実現主義に関するノ
ート」『一橋論叢』第 83 巻第 1 号，1980 年，108-117 頁の分析が説得的である。

11　稼得過程と収益認識の関係については，たとえば，Coombers, R. J. and Martin, C. A.,
*The Definition and Recognition of Revenue*, 1982, Australian Accounting Research
Foundation, pp. 6-7 が参考になる。

12　Securities and Exchange Commission (SEC), *Study Pursuant to Section 108（d）of the
Sarbanes-Oxley Act of 2002 on the Adoption by the United States Financial Reporting System
of a Principles-Based Accounting System*, 2003.

13　FASB, *FASB Response to SEC Study on the Adoption of a Principles-Based Accounting
System*, July 2004.

14　高寺はこのレポートを取り上げ，公正価値会計の意味について，独自の視点から詳細
な分析を展開している（高寺貞男「実現稼得過程アプローチと資産負債アプローチによ
る収益認識の相違」『企業会計』第 56 巻第 2 号，2004 年，4-10 頁）。

15　原文では，2002 年 6 月 2 日に販売したことになっているが，前後の文脈から誤植で
あると判断し，2002 年 6 月 1 日に販売したものとした。

16　ここで認識された製品保証義務 300 ドルは，業務の遂行によって 3 年後には完全に消
滅する。それを収益として認識し，費用の 140 ドルを控除して利益を計算することにな
る。

17　後述する契約資産，契約負債の定義に典型的に現れているように，このプロジェクト
では権利と義務の差額（合計額）によって金額を決定する手法が採られている。そこに
はオプションや先物の差金決済と類似の思考が見られる。

18　「実現稼得過程アプローチの場合，将来の活動について経営者の意図がどのようなも
のかということが，過去の会計にとって，それゆえ過去の活動からの収益にとって決定
的である。一言でいえば，事実上，過去が将来に依存する」(FASB, The Revenue
Recognition Project, The FASB Report, p. 7)。

19　IASB, Accounting for contracts with customers (Agenda paper 11B), Information
for Observers, April 17, 2008, paras. 22-25.

20　設例 5-2 にある「現金」「製品」「顧客に対する負債」に着目する 3 つのモデルを仕
訳で示すと次のようになろう。ただし契約価額 100，製品の製造原価を 60 とする。

［現金の増加に注目する場合］

① （現　　　　　　　金）100　（収　　　　　　　　益）100

② （製　　　　　　　品）60　（諸　　　勘　　　定）60

③ （売　上　原　価）60　（製　　　　　　　品）60

［製品の増加に注目する場合］

① （現　　　　　　　金）100　（前　　　受　　　金）100

② （製　　　　　　　品）100　（収　　　　　　　　益）100

　 （売　上　原　価）60　（諸　　　勘　　　定）60

③ （前　　　受　　　金）100　（製　　　　　　　品）100

［顧客に対する負債の減少に注目する場合］

① （現　　　　　　　金）100　（負　　　　　　　　債）100

② （製　　　　　　　品）60　（諸　　　勘　　　定）60

③ （負　　　　　　　債）100　（収　　　　　　　　益）100

　 （売　上　原　価）60　（製　　　　　　　品）60

21　IASB, *op.cit.*, Accounting for contracts with customers（Agenda paper 11B），Information for Observers, para. 26.

22　IASB, Revenue Recognition（Joint Project with the FASB），Information for Observers, 20−23 May, 2003.

23　各収益概念の邦訳名は，徳賀芳弘「資産負債中心観における収益認識」『企業会計』第 55 巻第 11 号，2003 年，35−42 頁に従っている。

24　企業会計基準委員会の翻訳（企業会計基準委員会訳，ディスカッション・ペーパー『顧客との契約における収益認識についての予備的見解』，2008 年）に基づいて "performance obligation" を「履行義務」と訳している。

25　具体的には①広義履行説に基づいて収益を定義し，負債消滅説に基づいて認識基準を構成する組み合わせと，②収益の定義も認識の指針も負債消滅説に基づく一方，損益計算書の表示は広義履行説による組み合わせを示している。

26　FASAC, *op.cit.*

27　企業が第三者に業務を移管する場合に支払う金額を「卸売価値（"wholesale" fair value）」と称し，企業が自ら業務を行う場合の公正価値（将来キャッシュアウトフローの割引現在価値等）を「小売価格（"retailer" fair value）」と称している（*Ibid.*）。

28　契約の強制性を前提に，契約時点で取引を認識する思考は，「契約会計」として井尻雄士『会計測定の理論』東洋経済新報社，1976 年，190−203 頁により早くから展開されている。

29　「未履行の権利」と「未履行の義務」は，"remaining underperformed right" と "remaining unperformed liability" の訳語である（FASB/IASB, Revenue Recognition, Allocation model summary（Agenda paper 5C），Information for Observers, 22

October 2007）。

30　IASB, *op.cit.*, Accounting for contracts with customers（Agenda paper 11B）, paras. 32–38.

31　この用語は企業会計基準委員会の翻訳（企業会計基準委員会訳，前掲書）に従っている。

32　以下の説明は主として，IASB, *op.cit.*, Revenue Recognition: An asset and liability approach（Agenda paper 4B）, FASB/IASB, Revenue Recognition: Measurement model summary（Agenda paper 5B）, Information for Observers, 22 October 2007, FASB/IASB, *op.cit.*, Revenue Recognition, Allocation model summary（Agenda paper 5C）, IASB, Revenue Recognition, Examples–Customer Consideration model compared with existing practice（Agenda paper 2D）, Information for Observers, January 2008 に基づいている。これらの文書のタイトルから分かるように，「当初取引価格アプローチ」は 2007 年時点で配分モデル（Allocation Model），2008 年時点で「顧客対価モデル」（Customer Consideration Model）とよばれていた。一方の現在出口価格アプローチの 2007 年当時の名称は「測定モデル（Measurement Model）」である。

33　IASB, Revenue Recognition: Measurement Model–Part 3: reporting changes in the exit price of the contract Asset or Liability in Profit or Loss（Agenda paper 7B）, Information for Observers, 12 December 2007 の設例を修正している。

34　ここでの説明は，FASB/IASB, *op.cit.*, Revenue Recognition: Measurement model summary（Agenda paper 5B）に基づいている。

35　純資産に対して未履行の権利はプラス，未履行の義務はマイナスの性格をもつため，契約資産，契約負債の計算式を「＝未履行の権利－未履行の義務」とするのではなく，「＝未履行の権利＋未履行の義務」とした。

36　IASB, Revenue Recognition: Measurement Model–Accounting for the contract with the customer（Agenda paper 4D）, para. 9.

37　IASB, *op.cit.*, Revenue Recognition: Measurement Model–Part 3: reporting changes in the exit price of the contract Asset or Liability in Profit or Loss（Agenda paper 7B）, para. 10.

38　共同プロジェクトは未履行の義務の現在出口価格の上昇を契約損失ではなく収益の取り消しとし，収入額と収益額を一致させるオプションも示している（*Ibid.*, paras.17–23）。

39　EFRAG, *Revenue Recognition–A European Contribution*, The PAAinE Discussion Paper 3, 2007.

40　*Ibid.*, para. 2.34.

41　辻山栄子「収益認識と業績報告」『企業会計』第 60 巻第 1 号，2008 年，47–50 頁に「欧州の提案」のより詳しい説明と分析がある。

42　IASB, Discussion Paper, *Preliminary Views on Revenue Recognition in Contracts with Customers*, 2008.（企業会計基準委員会訳，前掲書。）

43　*Ibid.*, para. 1.19, 同書，24 頁。

44　*Ibid.*, paras. 5.14–5.44, 同書，57–63 頁。

45　FASB/IASB, *op.cit.*, Revenue Recognition: Measurement model summary（Agenda paper 5B），para. 7.

46　EFRAG, *op.cit.*, para. 2.34.

47　IASB, Exposure Draft, *Revenue from Contracts with Customers*, 2010.（企業会計基準委員会訳，公開草案『顧客との契約から生じる収益』，2010 年。）

48　IASB, Exposure Draft, *Revenue from Contracts with Customers,* 2011.（企業会計基準委員会訳，改訂公開草案『顧客との契約から生じる収益』，2011 年。）

49　FASB は IFRS15 号と同一内容の収益認識基準を "Accounting Standards Update 2014–09 May 2014 Revenue from Contracts with Customers（Topic 606）" として FASB Accounting Standards Codification に登録した。これによってこの収益認識基準が，今後，米国 GAAP としての地位を目指すことになる。

50　IASB, IFRS15, para. IN7, IFRS 財団編，企業会計基準委員会・財務会計基準機構監訳，前掲書，A596–A597 頁。

51　*Ibid.*, para. 51, 同書，A608 頁。

52　*Ibid.*, para. 53, 同書，A609 頁。

53　IFRS15 号は「支配」の移転についてさまざまな条件（状況）を示している（*Ibid.*, paras. 31, 33, 35, 38, 同書，A604–A607 頁）。これらの規定を字義通りに適用すると，わが国の実務慣行である「出荷基準」の適用が認められる可能性は低い。

54　契約時点で収益を認識する根拠について共同プロジェクトは，企業が顧客に提供しているのは，契約の目的である直接の財・サービスだけではなく，契約を締結するまでに企業が顧客に対して提供するさまざまなサービス（製品の選択のアドバイス，製品についての教育，納入や据え付けについての手配等）が含まれているためであるとしている（IASB, *op.cit.*, Revenue Recognition: Measurement Model–Accounting for the contract with the customer（Agenda paper 4D），para. 20）。つまり，契約を獲得する前のサービスの提供を契約締結時における収益認識の根拠としていることになる。

　　これを別の視点から見れば，契約価格は，単に財・サービスの製造と納入のためのコストだけでなく，契約を獲得するために発生したコストも回収するものでなければならない。そのために，契約締結後の未履行の義務（顧客への財・サービスの引渡義務）の現在出口価格は，通常，契約獲得のコストを含まない分，契約価格よりも小さくなり，それによって契約時に収益が認識されることになる。現在出口価格アプローチでは，契約の獲得自体を重要な経済事象と考えており（*Ibid.*, para. 45），契約時の収益から，契約を獲得するまでに発生した費用を控除することで，契約の獲得による利益を認識する

計算構造であるとされる（*Ibid.*, para. 6）。この点については次の設例がある。

〔設例〕

　メーカーのセールスマンが 6 月に潜在的な顧客を数度訪れ，7 月中に機械の納入と据え付けを行う契約を 6 月 30 日に締結した。契約価格は 2,000CU である。セールスマンはこれによって 200CU の手数料（直接費）を受け取る権利を得た。この契約を履行するために市場の第三者がこの会社に要求する金額は 1,600CU である。したがってこの会社は契約締結時に 400CU の収益（＝未履行の権利 2,000CU ＋未履行の義務 1,600CU ＝契約資産 400CU の増加）を認識する。その際，契約の獲得に要した間接費は 150CU とすると，この会社の 6 月 30 日の計算表は次のようになる（*Ibid.*, paras. 23-25）。

|  | CU |
|---|---|
| 契約締結から得た収益 | 400 |
| 契約締結の直接経費 | (200) |
|  | 200 |
| 販売費及び一般管理費に含まれる間接経費 | (150) |
| 契約締結から得た利益 | 50 |

55　IASB, IFRS15, paras. 91-94, IFRS 財団編，企業会計基準委員会・財務会計基準機構監訳，前掲書，A616 頁。

56　*Ibid.*, para. IN8, 同書，A597 頁。

57　企業が履行義務を充足する前に顧客から対価を取得すれば「契約負債（未履行の権利＜未履行の義務）」が生じ，逆に企業が顧客から対価を受け取る前に履行義務を充足すれば「契約資産（未履行の権利＞未履行の義務）」が生じる。IFRS15 号は「売掛金（receivables）」と「契約資産」の開示を求めているが，その際，両者の違いが問題になる。IFRS15 号の「結論の根拠」によると，契約資産は通常対価に対する無条件の権利―売掛金―である。しかし，同書は契約資産と売掛金の間に差異が生じるケースとして，企業が財・サービスを提供する 1ヵ月前に，顧客が先払いをしなければならない解約不能の契約を締結した場合を揚げている。この場合，支払義務の成立日に企業は対価に対する無条件の権利である売掛金を獲得することになる。逆に，契約の支払条件によっては，財・サービスの提供による契約資産が存在しても，他の履行義務を果たすまで代金が請求できない場合，すなわち売掛金が存在しない場合が生じる（*Ibid.*, paras. BC322-BC326, 同書，B1337-B1338 頁）。

58　辻山は顧客対価モデル（当初取引価格アプローチ）について「従来モデルである実現＋稼得過程アプローチにおける収益を履行義務と呼び換え，稼得過程を履行義務の消滅過程と呼び換えただけに過ぎない」（辻山栄子，前掲論文（2008 年），50 頁）と表現し

ている。

59　詳細は，松本敏史「カスタマー・ロイヤルティ・プログラムと収益認識」『国際会計研究学会年報』第29号，2012年，28-30頁，松本敏史「収益認識」平松一夫・辻山栄子責任編集『体系現代会計学第4巻　会計基準のコンバージェンス』中央経済社，266-267頁を参照のこと。

# 第6章　製品保証取引と収益認識

## 第1節　は　じ　め　に

　FASB と IASB が共同開発した収益認識基準が 2014 年に IFRS15 号として公表された。この会計基準は収益を認識するための5つの基本的なステップを示した後，「適用指針」において返品権付き販売，委託販売，カスタマー・ロイヤルティ・プログラム，製品保証等の特殊ケースを取り上げ，その処理方法を示している。このうち本章が対象としている製品保証については契約内容に応じて2種類の処理方法が示された。すなわち製品保証の目的が販売後に顕在化する不良品の補修にあり，その対価が財・サービスの販売価格に含まれているアシュアランス型の場合は補修義務を引当金によって認識し，保証の内容が良品の維持点検を目的とし，財・サービスとは別途に販売されるサービス型の場合は，財の引き渡しとは別個に履行義務を認識する。

　しかし IFRS15 号は当初からこのような会計処理を予定していたわけではない。収益認識に関する FASB と IASB の共同プロジェクトがスタートした 2002 年当時，FASB が示していたのはサービス型の製品保証の履行義務を公正価値によって測定する収益認識モデルである。しかし 2010 年に公表された「公開草案」は公正価値の測定に代えて取引価格を履行義務に配分する方式を採用した。また，アシュアランス型について IFRS15 号が採用したのは，履行義務の認識ではなく，引当金を計上する方式である。

　ところでこれらの規定の変遷過程を振り返るとき，1つの論点が浮かび上がる。すなわちサービス型の製品保証については，履行義務を負債（前受金）として認識する方式[6]が一貫して採用されてきたのに対して，アシュアランス型の場合は引当金方式と前受金方式の2つが対峙している点である。

　本章では IFRS15 号の成立過程で示された各種の処理方法を整理することから始め，そのうえでアシュアランス型を対象に，引当金方式と前受金方式のいずれが取引の実態をより正確に描写することになるのか，この点を考察している。その際，管理会計上の品質コスト概念を手がかりにした。

## 第2節　IFRS15 号の成立過程における製品保証会計の変遷

### 1　収益認識プロジェクトのスタート時における製品保証会計モデル

　先の FASB と IASB の共同プロジェクトが依拠していた基本思考は実現稼得過程アプローチの否定と，資産負債中心観による収益認識基準の開発である。ただし資産負債中心観と言ってもその内容は一様ではない。この中心観の基本的な特徴は何らかの資産あるいは負債の増減に基づいて収益を認識する点にあるが，その場合，いかなる資産あるいは負債を認識の対象とし，それをどのように測定するかによってそこに成立する会計モデルは大きく異なったものになる。

　FASB は 2002 年に IASB との共同プロジェクトの発足に向けて文書を公表[7]しているが，その中で説明しているのが，サービス型の製品保証義務を公正価値で測定する処理方法である。その設例のポイントを仕訳の形で要約して示すと次のようになる。

**設例 6-1**

①電器店は1年間の製品保証が付いたテレビを @250 ドルで仕入れ，@300 ドルで販売している。この保証期間を2年延長する場合の価格は @100 ドルである。

②電器店は過去の経験から，販売したテレビ 10 台のうち 1 台が故障し，その修理に 140 ドルが必要であると予測している。なお，電器店は 1 台あたり 30 ドルを支払ってこの製品保証業務を他の業者に引き取ってもらうことができる。

③電器店は 2 年の製品保証延長サービスが付いたテレビを 10 台，現金で販売した。

| | | | | |
|---|---|---|---|---|
| 販売日 | 現金 | 4,000 | 売上 | 4,000 |
| | 売上 | 300 | 製品保証義務(注) | 300 |
| | 売上原価 | 2,500 | 製品 | 2,500 |
| 保証期間終了時まで | 製品保証義務 | 300 | 売上 | 300 |
| | 修理費 | 140 | 諸勘定 | 140 |

（注）製品保証義務の公正価値：@ 30 ドル× 10 台＝ 300 ドル

　これは顧客との契約から生じる製品保証義務を負債（履行義務）として計上し，その負債の消滅を収益として認識する会計モデルである。その際，製品保証義務は，企業がこの業務を第三者に引き受けてもらう時に支払うであろう価格，すなわち現在出口価格で測定することとされている。

## 2 「討議資料」（2008 年）における履行義務の認識モデル

　上記のように，共同プロジェクトが当初導入しようとした収益認識モデルは契約によって生じる資産と負債を公正価値によって測定する方法である。具体的には顧客との契約から生じる未履行の権利（対価を受け取る権利）と未履行の義務（財・サービスを引き渡す義務）を公正価値で測定し，両者の差額を契約資産（未履行の権利＞未履行の義務の場合），あるいは契約負債（未履行の権利＜未履行の義務の場合）として認識する。そして契約の履行によって契約資産が増加したとき，あるいは契約負債が減少したときに収益を認識する。

　しかし通常の場合，未履行の義務を売買する市場は存在しない。したがって未履行の義務を公正価値で測定するのは容易ではない。またこのモデルによると財・サービスを提供していない契約時点で収益（利益）を認識する場合が生

148

じる[8]。これらの点に批判が集まった結果，2008年に公表された「討議資料[9]」は履行義務を現在出口価格で測定する「現在出口価格アプローチ」を却下した。そしてこれに代えて討議資料が採用したのが，履行義務に取引価格を配分することで契約時点での収益の認識を回避する[10]「当初取引価格アプローチ[11]」である。その際，討議資料は製品保証の会計処理について次のように述べている。

「両審議会が提案しているモデルでは，標準的な製品保証（及び他の同様の引渡後のサービス）は履行義務として会計処理されることとなり，それらが別々に販売されるかどうかにかかわらず，約束された製品保証又は他のサービスが顧客に提供されたときに限り収益が認識されることになる[12]」。

つまりこの規定に従うと，アシュアランス型とサービス型のいずれについても製品保証期間に収益を認識することになる。その際，財の引き渡しと製品保証が一体となっているアシュアランス型の場合は「取引価格を財と製品保証の独立した販売価格に比例して2つの履行義務に配分する[13]」。

## 3 「公開草案」（2010年）における履行義務の認識モデル

討議資料の思考は2010年に公表された「公開草案」に受け継がれており，いずれのタイプの製品保証についても履行義務を認識するものとしている。ただしアシュアランス型の製品保証に対して認識される履行義務の内容は，次の説明にあるように討議資料で示されたものとは大きく異なる。

「製品保証……の目的が，製品の潜在的な欠陥（すなわち，製品の移転時に存在しているが，まだ顕在化していない欠陥）についての保護を顧客に与えることである場合には，……報告日現在で，企業は顧客に販売した欠陥製品の可能性と程度を判断し，製品を移転する履行義務で未充足のものの金額を算定しなければならない[14]」。「企業は，顧客に約束した状態で顧客に移転した製品（又は製品の構成要素）についてのみ収益を認識する[15]」。そして次の設例6-2を示している[16]。

**設例 6-2**

①販売日：製品 1,000 個を＠100 千円で販売した。原価は＠60 千円である。この製品には保証が付されており，商品の引渡日から半年以内に故障が生じた場合は無償で修理をする。

②決算日：上記の製品について顧客から修理の依頼は入っていないが，過去のデータから販売した製品の 1％に故障が発生すると予測される。そのため履行義務 1,000 千円（＝10 個×＠100 千円）と，棚卸資産 600 千円（＝10 個×＠60 千円）を認識する。なお，修理費用の見積額は＠20 千円である。

③保証期間終了日：当日までに製品 10 個について修理を行った。費用は＠20 千円であった。

ここでこの設例に付された説明を仕訳によって示すと次のとおりである。

| 販売日 | 売掛金 | 100,000 | 売上 | 100,000 |
|---|---|---|---|---|
| | 売上原価 | 60,000 | 製品 | 60,000 |
| 決算日（報告日） | 売上 | 1,000 | 履行義務 | 1,000 |
| | 製品 | 600 | 売上原価 | 600 |
| 保証期間終了日 | 補修費 | 200 | 諸勘定 | 200 |
| | 履行義務 | 1,000 | 売上 | 1,000 |
| | 売上原価 | 600 | 製品 | 600 |

この仕訳を多少敷衍すると以下のようになろう。まず企業は顧客との契約により 1,000 個の良品（契約の仕様どおりの機能をもった製品）を引き渡す必要があるが，過去のデータから 10 個の不良品が混入している可能性が高い。その部分については顧客に良品を引き渡すべき履行義務が果たされていないため，10 個分の取引価格を収益から控除し，履行義務 1,000 千円（＝10 個×＠100 千円）を認識する。そしてこの履行義務は後日不良品を良品と交換した時点（あるいは製品保証期間の終了時点）で収益に振り替える。

この処理の特徴は製品保証に係る履行義務の内容を不良品の補修業務に求めるのではなく，良品の引き渡しに求める点にある。その場合，顧客の手元にある不良品 10 個の取り扱いが問題になるが，設例の説明によると「当該資産は

企業がまだ顧客に移転していない棚卸資産」，すなわち試用販売における試送品，委託販売における積送品と同様に，顧客に一時的に預けられた企業の資産として貸借対照表に記載される[17]。それを表しているのが「(借) 製品600 (貸) 売上原価600」の仕訳である。

### 4　IFRS15号（2014年）と引当金方式

公開草案は修正のうえ，2011年に改訂公開草案『顧客との契約から生じる収益[18]』として公表された。この改訂版で修正された項目の1つが製品保証の会計処理である。すなわち先の公開草案ではアシュアランス型とサービス型の両者に対して履行義務を認識するものとしていたが，改訂公開草案ではアシュアランス型の製品保証について履行義務を認識するのではなく，引当金を設定することとした[19]。その規定は次のとおりである。

「顧客が製品保証を別個に購入するオプションを有する場合（たとえば，製品保証が別個に価格設定されるか又は交渉される場合）には，企業は，約束した製品保証を別個の履行義務として会計処理しなければならない[20]」。

「顧客が製品保証を別個に購入するオプションを有していない場合には，企業は当該製品保証をIAS37号『引当金，偶発負債及び偶発資産』に従って会計処理しなければならない[21]」。

そして製品保証取引に関するこの記述は，若干の語句の修正はあるものの，ほぼそのままの形でIFRS15号に導入された。

### 5　IFRS15号の成立までに提示された処理方法と帰着点

以上，FASBとIASBの共同プロジェクトの発足からIFRS15号の成立までに提案された各種の処理方法を素描してきたが，それをまとめると図表6-1のようになる。

この図表にあるように，サービス型の製品保証については，当初製品保証義務を公正価値で測定する方式が提案されていたが，討議資料の公表以降は取引価格を履行義務に配分する方式で統一されている。これは共同プロジェクトが

図表6-1　IFRS第15号の成立までに示された各種の処理方法

| 関連文章 | アシュアランス型 | サービス型 |
|---|---|---|
| ① FASB レポート | | 製品保証業務に対する履行義務を認識（現在出口価格で測定） |
| ②討議資料 | 製品保証業務について履行義務を認識（取引価格を配分） | 製品保証業務について履行義務を認識（取引価格を配分） |
| ③公開草案 | 良品の引き渡しについて履行義務を認識（取引価格を配分） | 同上 |
| ④改訂公開草案<br>⑤ IFRS15号 | 製品の補修義務を引当計上 | 同上 |

討議資料において当初取引価格アプローチを採用したことと整合する。

　一方，アシュアランス型の製品保証については，同じ取引を対象としながら，基本思考が異なる3種類の方法が提案された。改めて整理すると，討議資料は欠陥品の補修や交換等の製品保証業務に対して履行義務を認識するものとしていたが，公開草案は発想を転換し，不良品を受け取った顧客に対する良品の引き渡しを履行義務として認識する提案をした。しかしこの提案は却下され，そのうえで改訂公開草案が採用したのは「欠陥のある製品を交換又は修理するという別個の負債」[22]を引当金によって認識する方式である。そしてIFRS15号もこの方式を取り入れている。

　ここで顧客との契約によって生じる財・サービスの引き渡し義務を履行義務として認識し，その消滅に基づいて収益を認識する会計モデルを収益費用中心観（実現稼得過程アプローチ）の用語に置き換えると，履行義務の認識は収益の繰り延べとなり，履行義務の消滅は財・サービスの引き渡しの完了による収益の実現ということになる。[23]さらにアシュアランス型に対する討議資料とIFRS15号の処理方法を収益費用中心観に置き換えるならば，履行義務を認識する討議資料の方法は収益の一部を将来に繰り延べる前受金方式に該当し，製品保証義務を引当金（非金融負債）として認識するIFRS15号の方式は，後述する企業会計原則注解注18の引当金方式に該当する。

　ところで，製品保証に関するこれら2つの処理方法の存在は，わが国でも財務会計上の論点の1つになっている。冒頭で述べたように本章の主要な目的の1つはこの2種類の処理方法のうち，いずれが製品保証取引の実態をより適正に描写しているのか，この点を考察することにある。その準備作業として次節ではこの2つの処理方法の根底にある基本思考の違いを確認しておく。

## 第3節　製品保証引当金と製品保証前受金

### 1　引 当 金 方 式

　わが国には製品保証契約をアシュアランス型とサービス型に区分し，それぞれの処理方法を規定した会計基準はない。その中にあってアシュアランス型の唯一の基準になっているのが企業会計原則注解注18の次の規定である[24]。

　「将来の特定の費用又は損失であって，その発生が当期以前の事象に起因し，発生の可能性が高く，かつ，その金額を合理的に見積ることができる場合には，当期の負担に属する金額を当期の費用又は損失として引当金に繰入れ，当該引当金の残高を貸借対照表の負債の部又は資産の部に記載するものとする。製品保証引当金（が―引用者―）……これに該当する」。

　この規定に基づいて製品保証引当金を設定する場合，その手続きは次のようになる。

　①財・サービスを引き渡した時点で契約価格の全額を収益として認識。

　②財・サービスの引渡後に発生する費用（製品保証のためのアフター・コスト）を見積もり，決算において販売年度の費用として計上。

　このうち①の処理は「製品の製造→製品の販売→欠陥品の補修」という一連の活動のうち，製品の販売までを収益獲得活動（価値生産活動）と捉えていることと同義である。そしてそこには欠陥品の補修活動によって価値は生まれないという認識があるものと考えられる。しかし現実には製品の販売後に一定の比率で故障（欠陥の顕在化）が発生する。その補修や交換のための費用を，その発生時ではなく製品の販売年度に負担させるのが②の処理である。

## 2　前受金方式

　サービス型はもとより，アシュアランス型の製品保証についても収益の一部を次期以降に繰り延べる前受金方式が早くから提起されている[25]。その具体的な処理手続きは次のとおりである。

　①製品保証付き販売の売価を（a）財・サービスの対価部分と（b）製品保証の対価部分に分割し，（a）は財・サービスの引渡時に収益として認識し，（b）は前受金とする。

　②製品保証期間の経過とともに前受金を収益に振り替える。

　繰り返しになるが，前受金方式の最大の特徴は売上高の一部を製品保証期間に配分する点にある[26]。すなわちそれは「製品の製造→製品の販売→欠陥品の補修」という一連の活動のうち，欠陥品の補修活動を製品の製造販売活動と同じく収益獲得活動（価値生産活動）とみなしていることになる。

　ところで我が国において前受金方式が提唱された動機の1つは収益費用中心観における費用認識基準の整合性を維持することにあったと言える。具体的に述べると，引当金を設定する場合，将来発生費用を当期の費用として計上する必要があるが，費用認識の一般原則である発生主義によってそれを説明することは難しい。そのため，製品保証費用の見積計上については当期に費用原因（製品保証付き販売を行ったという事実）が存在すること，あるいは当期の売上高と将来の製品補修費用の間に因果関係があること（製品保証によって当期の売上高が増加し，一方，その製品保証のためにアフター・コストが発生するという関係）を根拠として当期の収益から将来発生費用を控除する会計処理が行われてきた。いわゆる原因発生主義，あるいは収益費用対応の原則による将来発生費用の認識である。しかしこのような会計処理は費用認識基準の二重化を招き，期間損益計算の論理に混乱をもたらす。これに対して前受金方式の場合は，製品保証費用がその発生時に認識されるため，費用認識基準を拡大解釈する必要がない[27]。つまり費用認識基準の整合性を担保できる点に収益費用中心観から観た前受金方式の大きな特長（優位性）がある。

　このように引当金方式と前受金方式により費用の認識論理が異なったものに

なるが，一方においてこの2つの処理方法の存在は製品補修活動そのものの経済的実質に対する理解の違い（価値喪失活動か，それとも価値生産活動か）を反映しており，そしてその違いは各期の収益額に差異をもたらす。そこで最後に収益認識の観点からこの2つの方式を比較検討してみたい。

## 第4節　製品保証業務の性格規定と収益認識

前受金（履行義務）を認識する場合，収益の一部は製品保証期間に認識される。会計上，収益を認識するということは，その背後に何らかの価値の生産活動を想定しているということであり，ここでは欠陥品の補修，一連の製品保証活動がこれに該当する。これに対して製品保証期間に収益を計上しない引当金方式は製品保証活動にともなう支出を一方的な価値の喪失（顧客に対する損害賠償のように，価値を生まない財産の流出）とみなしているといえよう。

このように2つの方式を整理するとき，前受金方式と引当金方式の適否の判断は製品保証業務の性格規定に強く依存することになる。この点について重要な示唆を与えてくれるのが管理会計領域で早くから議論されてきた品質コスト概念である。

PAFアプローチ（Prevention-Appraisal-Failure approach，予防−評価−失敗アプローチ）によると，製品の品質コストは次のように分類されている[28]。

①予防コスト−欠陥の発生を早い段階で防止するための費用：品質保証教育訓練費，製品設計改善費，製造工程改善費など

②評価コスト−製品の品質を評価し，品質レベルを維持するための費用：購入材料受入検査費，各工程の中間品質検査費，製品出荷検査費，出荷後の品質調査費など

③内部失敗コスト−製品出荷前に欠陥が発見された場合に生じる費用：仕損費，手直し費など

④外部失敗コスト−製品出荷後に欠陥が発生した場合に生じる費用：クレーム調査出張旅費，取替え・引取り運送費，返品廃棄処分費，製品補修費な

図表 6-2　良品率と品質コストの関係

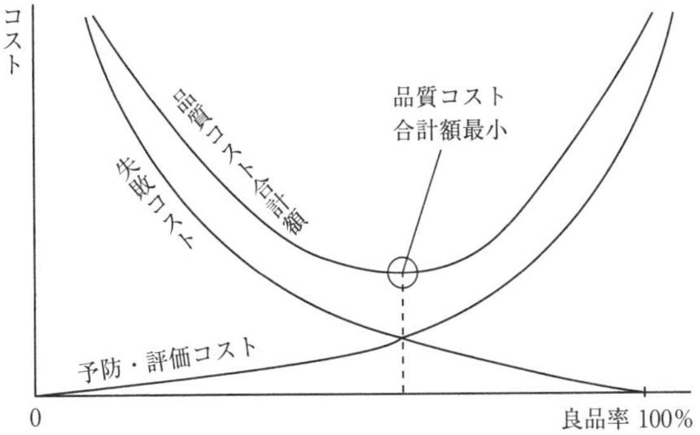

（出所）加登豊・山本浩二『原価計算の知識（第 2 版）』日本経済新聞出版社，2012 年，186 頁。タイトルを変更している。

ど

　このように品質コストは不良品の発生を抑止するためのコスト（①＋②）と，不良品が発生した場合の処置費用，すなわち失敗コスト（③＋④）から構成されるが，「失敗コストの多くは……予防活動や品質検査等に追加的な資源をより多く投入することによって減少する—予防コストおよび評価コストと失敗コストは反比例して増減する—ことが経験的に知られている[29]」。この関係を表しているのが図表 6-2 である。そしてこの図表から以下の点を確認することができる。

　まず，品質コストが最小になるのは良品率が 100％のときではない。いいかえれば企業が品質コスト最小化を目指す場合，一定の比率（＝ 100％－品質コスト最小点の良品率）で不良品が発生し，それによって失敗コストが発生する。

　ここから製品保証活動について次のような解釈が可能になろう。すなわちアシュアランス型の製品保証は，良品率が 100％に近づくにつれて急騰する予防・評価コストと，逆に低下していく失敗コストの合計額を最小化するために当初から予定されている業務である。これをいいかえれば，不良品の補修活動は品質コストを最小化するために行われる製品製造の最終工程（消費過程への

製造工程の延長）の性格をもつものといえる。であれば，通常の製造工程に対して収益の発生（価値の創造）を認識するように，一連の製品保証活動に対しても収益の発生を想定する会計処理があっても不思議ではない。

　以上の前提のもとに引当金方式と前受金方式を改めて比較するとき，製品保証活動の経済的実質をより適切に反映している処理方法は，製品販売時点で収益と費用を全額認識する引当金方式ではなく，販売後の製品保証活動に対しても価値の創造を認め，ここに相応の収益を配分する前受金方式（履行義務の認識方式）であると結論付けられることになる[30]。

1　IASB, IFRS15, *Revenue from Contracts with Customers*, 2014.（IFRS 財団編，企業会計基準委員会・財務会計基準機構監訳『国際財務報告基準（IFRS）2015』中央経済社，2015 年。）

2　*Ibid.*, Appendix B, 同書，A624-A640 頁。

3　*Ibid.*, para. B30, 同書，A630 頁。

4　*Ibid.*, para. B29, 同書，A630 頁。なお，IFRS15 号は製品保証の内容の違いについて次のように述べている。「製品保証の中には，関連する製品が合意された仕様に従っていることにより，各当事者が意図したとおりに機能するというアシュアランスを顧客に提供するものがある。製品が合意された仕様に従っているというアシュアランスに加えて顧客にサービスを提供する製品保証もある」（*Ibid.*, para. B28, 同書，A629 頁）。そしてこの基準は両者を区別する際に考慮すべき要因として以下の3点を挙げている。「(a) 製品保証が法律で要求されているかどうか，(b) 保証対象期間の長さ，(c) 企業が履行を約束している作業の内容」（*Ibid.*, para. B31, 同書，A630 頁）。

5　FASB, The Revenue Recognition Project, The FASB Report, December 24, 2002. アシュアランス型については補修費用を発生時に認識する処理が示されている。

6　前受金の計上も，履行義務の認識も，仕訳で示すと「(借) 収益×× (貸) 負債××」となるが，会計思考の違いによって説明方法が異なる。すなわち収益費用中心観では製品保証業務の対価相当額を未実現収益として次期に繰り越すために前受金が計上されるのに対して，資産負債中心観では顧客に提供する製品保証義務を履行義務（負債）として認識し，業務の遂行によって履行義務が減少したときに収益を認識することになる。なお本章では，特に断らないかぎり前受金方式という用語の中に履行義務の認識の意味を込めている。

7　FASB, *op.cit.*

8　たとえば契約時点における未履行の権利（対価を受け取る権利）の公正価値が100,

未履行の義務（財・サービスを引き渡す義務）の公正価値が 90 の場合，そこに生じる
契約資産 10 を収益として認識する。これに対して契約時に対価を全額前受した場合に
は，未履行の権利 0 と未履行の義務 90 の差額である契約負債 90 が生じるが，現金が
100 増加しているため，差額の 10 が収益として認識される。

9　IASB, Discussion Paper, *Preliminary Views on Revenue Recognition in Contracts with
Customers*, 2008.（企業会計基準委員会訳，ディスカッション・ペーパー『顧客との契約
における収益認識についての予備的見解』，2008 年。）

10　この討議資料に取引価格の定義はないが「取引価格の金額（すなわち約束された対
価）」（*Ibid.*, para. S24, 同書，14 頁）という文言がある。これに対して公開草案による
と「取引価格とは，契約における約束した財・サービスの移転と交換に，企業が顧客か
ら受け取る，又は受け取ると見込まれる対価の金額である」（IASB, Exposure Draft,
*Revenue from Contracts with Customers*, 2010, para. IN15, 企業会計基準委員会訳，公開
草案『顧客との契約から生じる収益』，2010 年，10 頁）。

11　このアプローチでは，契約によって生じる履行義務に取引価格を配分することから，
未履行の権利（≒取引価格）と未履行の義務（＝個々の履行義務の合計額＝取引価格）
が金額的にほぼ一致する。それによって契約資産や契約負債の発生を避けることができ
る。

12　IASB, *op.cit.*, Discussion Paper, para. 6.28, 企業会計基準委員会訳，前掲書（2008
年），83 頁。

13　*Ibid.*, para. A22, 同書，93 頁。

14　IASB, *op.cit.*, Exposure Draft, 2010, para. B14, 企業会計基準委員会訳，前掲書
（2010 年），41 頁。

15　*Ibid.*, para. B16, 同書，42 頁。

16　ここでは貨幣単位を「CU」から「円」に変え，日付を取引の説明に変えている。ま
た原文では故障率の見積もりを後に変更しているが，設例を簡潔にするためにこの点を
省いた。また，原文では製品保証取引のその後の顛末について記述がないため，この点
を補充した。

17　欠陥品であっても所有権はすでに顧客に移転している。それを自己の棚卸資産として
貸借対照表に計上できるかどうか，この点は当然問題になろう。また自己の資産として
処理する場合，それを評価しなければならない。設例はこの点について当該棚卸資産は
「IAS2 号『棚卸資産』に従って測定される。……欠陥製品に価値がほとんど又は全くな
い場合（たとえば，廃品になる場合）には，当該資産は減損していることになる」
（IASB, *op.cit.*, Exposure Draft, 2010, para. B16, 企業会計基準委員会訳，前掲書（2010
年），19 頁）と説明している。なお IAS2 号に従った場合，「棚卸資産は，原価と正味
実現可能価額とのいずれか低い額で測定しなければならない」（IASB, IAS2, *Inventories*,
2003, para. 9, IFRS 財団編，企業会計基準委員会・財務会計基準機構監訳，前掲書，

A690 頁）。

18　IASB, Exposure Draft, *Revenue from Contracts with Customers*, 2011.（企業会計基準委員会訳，改訂公開草案『顧客との契約から生じる収益』, 2011 年。）

19　この点について改訂公開草案は「結論の根拠」で次のように説明している。「両審議会は，本公開草案ではその提案を維持しないことを決定した。主に次の実務的理由によるものである。(a) 顧客に引き渡していて欠陥があると予想されている製品を，『棚卸資産』として企業が認識し続けることを要求することに関して複雑性がある。(b) 企業が製品の顧客への移転時に全体のマージンを認識することとなるが，アシュアランス型製品保証において当該製品の修理又は交換に帰属するマージンが，全体的な契約マージンの認識のパターンを著しく歪める可能性は低い」(*Ibid.*, para. BC290, 同書，88頁)。

20　*Ibid.*, para. B11, 同書，46 頁。

21　*Ibid.*, para, B12, 同書，88 頁。なお，IAS37 号は製品保証について「ある製造業者は，製品の購入者に販売時点で製品保証を与えている。販売契約条件によれば，販売日から 3 年以内に明らかになった製造上の欠陥は，製造業者が修理あるいは取替えによって償うことを保証する。過去の経験によれば，製品保証に基づく何らかの保証請求がなされる可能性が高い（すなわち保証請求される可能性の方がされない可能性より高い）」場合，結論として「報告期間の末日以前に販売された保証製品の修復補償コストの最善の見積りに対して引当金が認識される」と述べている（IASC, IAS37, *Provisions, Contingent Liabilities and Contingent Assets*, 1998, Example 1, IFRS 財団編，企業会計基準委員会・財務会計基準機構監訳，前掲書，B1991 頁)。

22　IASB, *op.cit.,* Exposure Draft, 2011, para. BC289, 企業会計基準委員会訳，前掲書（2011 年），87–88 頁。

23　「DP において提案されている顧客対価モデルでは，履行義務を顧客対価で測定することが所与とされ，その後はその金額が履行義務の充足に照らして収益として認識されていくのであるから，収益を履行義務と呼び換え，稼得過程を履行義務の充足過程と呼び換えてはいるものの，結果は従来型の実現・稼得過程モデルとなんら異なるところはないものとなっている」（辻山栄子「収益認識をめぐる実現・稼得過程の現代的意義」『會計』第 177 巻第 4 号，2010 年，5 頁）。なお，討議資料ではそれまで用いられていた顧客対価モデル（customer consideration model）の名称が取引価格アプローチ（transaction price approach）に変更されている。

24　サービス型の場合，企業会計原則損益計算書原則一A「未実現収益は，原則として，当期の損益計算に計上してはならない」の規定に従って収益を保証期間にわたって繰り延べる会計処理を行うことになるものと考えられる。

25　この点については，松本敏史「製品保証（工事補償）引当金の負債性の再吟味—引当金処理と前受金処理—」『同志社商学』第 37 号第 2 号，1985 年，80–125 頁を参照され

たい。

26　ただし，金額の測定方法には少なくとも次の3通りの方法が考えられる。①財・サービスの独立販売価格と製品保証の独立販売価格の比率によって取引価格（売上高）を按分し，後者を前受金とする方法，②財・サービスの製造原価と製品保証費用見積額の比率によって取引価格を按分し，後者を前受金とする方法，③製品保証費用見積額をそのまま前受金とする方法。

　このうち①の方法は，討議資料におけるアシュアランス型の処理方法と等しい。また，③の方法によると期間利益に与える影響は引当金方式と等しくなる。

　以上の会計処理の違いを数値例で整理すると次のとおりである。

　【設例】当期の製品保証付き販売価格1,000千円，製品のみの独立販売価格950千円，製品保証の独立販売価格100千円，製品の製造原価500千円，製品保証費用の見積額30千円，製品保証の請求はなかったとする。

| | ①売価を基準に配分 | ②原価を基準に配分 | ③製品保証費用を計上 | 引当金方式 |
|---|---|---|---|---|
| 当期収益 | 952 | 943 | 970 | 1,000 |
| 当期費用 | 500 | 500 | 500 | 530 |
| 当期利益 | 452 | 443 | 470 | 470 |
| | | | | |
| 次期収益 | 48 | 57 | 30 | 0 |
| 次期費用 | 30 | 30 | 30 | 0 |
| 次期利益 | 18 | 27 | 0 | 0 |

27　太田は将来発生費用（引当金繰入額）の認識が費用認識基準に与える影響を詳細に検討し，前受金の計上による収益控除の方式を肯定したうえで，収益控除の観点から製品保証引当金の設定論理を再構築している（太田正博「引当金会計の研究（1）―接近方法と製品保証引当金―」『福岡大学商学論集』第28巻第3号，1984年）。筆者も同様の問題意識から引当金処理と前受金処理の論理構造を比較検討している（松本敏史，前掲論文）。

28　ここでの品質コストの名称は小林啓孝・伊藤嘉博・清水孝・長谷川惠一『スタンダード管理会計（第2版）』東洋経済新報社，2017年，423頁を引用し，具体的な費目は岡本清・廣本敏郎・尾畑裕・挽文子『管理会計（第2版）』中央経済社，2008年，232頁から引用している。

29　小林啓孝・伊藤嘉博・清水孝・長谷川惠一，前掲書，424頁。

30　内川菊義は前受金方式を支持する筆者の論文（松本敏史，前掲論文）を強く批判している（内川菊義「引当金再論」『同志社商学』第42巻第3号，1994年，1-29頁）。これに対する反論については，松本敏史「製品保証会計論―内川教授の批判にお答えして

─」『會計』第147号第2号，1995年，77-91頁を参照されたい。なお，品質コストの説明においてしばしば指摘されているように（たとえば，小林啓孝・伊藤嘉博・清水孝・長谷川惠一，前掲書，429-436頁），企業が100%の良品率を達成し，それによって品質コスト（その重要な構成要素としての機会損失）を最小化する戦略をとっている場合，失敗コストを価値の喪失とする考え方も成立しそうである。この点も含めて，製品保証会計の性格規定にはまだ考察の余地があることを指摘しておきたい。

# 第7章　2つの会計観とキャッシュフロー
## ―非連携モデルの構造分析―

## 第1節　は　じ　め　に

　1990年代以降，各国の財務会計は収益費用中心観から資産負債中心観に移行してきた（しつつある）といわれている。しかし実際には，資産負債中心観に分類される会計基準もその計算構造は従来の原価主義と実現主義によって構成された会計システム（以下，「原価実現会計」）との混合型であり，資産負債中心観の理念型といえる公正価値会計のそれではない。

　たとえば固定資産除去債務の会計処理を定めたFASBの財務会計基準書（Statement of Financial Accounting Standards: SFAS）143号『資産除去債務の会計』やIAS37号（および同改訂公開草案）は固定資産の除去に必要な将来支出の割引現在価値による負債の計上を要求している。この点に着目すれば，これらの基準書は公正価値会計の外観を呈しているといえよう。ところがSFAS143号では，この固定資産除去債務の発生（純資産の減少）をそのまま損失として認識するわけではない。これと同額の固定資産を貸借対照表に計上することで損益への影響を中和化し，以後，この固定資産を減価償却していく。その一方で，固定資産除去債務については，当初認識時の割引率によって計算上の利子を規則的に計上する。このようにSFAS143号は負債の公正価値表示を求めながら，損益計算上は費用の配分思考を貫くことで期間費用の変動を極力回避している。

162

この点は退職給付会計基準についても同様である。SFAS87号『事業主の年金会計』によると，貸借対照表上の年金関連負債が未積立累積給付債務に不足する場合には，差額を負債として追加計上しなければならない。しかし，その場合にも同額の無形資産を計上することで損益への影響を中和化していた。[7]

ここでこれらの基準書に見られる基本的スタンスを情報ニーズに対するFASBの対応策と解釈してみよう。そうするとFASBは，ストック計算については資産，負債の公正価値（購入時価，売却時価，将来キャッシュフローの割引現在価値等[8]）の情報に対するニーズが高く，フロー計算については原価実現会計に基づく稼得利益[9]（市場価格の変動から切り離された安定的な利益）情報に対するニーズが高いとみなしているようである。ところが両者は本来同一の会計システムから生み出されるものではない。本章では，固定資産除去債務の会計をモチーフにしながら，FASBがこの矛盾する情報ニーズにどのように対応しているのか，この点を計算構造の観点から明らかにし，そのうえでストック情報とフロー情報がともに情報ニーズに適合することを可能にする会計モデルを模索している。

## 第2節　固定資産除去債務会計の諸形態とその特徴

海中油田や原子力発電所などの設備は，操業終了時にこれを除去し，原状を回復することが義務づけられている。この固定資産の除去債務については種々の処理方法が可能だが，ここでは原価実現会計のもとでの引当金方式と，公正価値会計の処理方法を比較することから始めたい。それによってこれらの会計基準（SFAS143号やIAS37号[10]）の計算構造が明らかになると考える。

**設例**

X社は，第1年度期首に海中油田掘削装置を建設し，石油の採掘を開始した。この装置については，耐用年数到来時に解体，除去することが法律で義務づけられている。関連のデータは図表7-1のとおりである。

図表7-1　基礎データ（単位：億円）

|  | 設備再調達原価 | 割引率 | 設備除去支出見積額 | 支出額 |
|---|---|---|---|---|
| 第1期首 | 2,000 | 8% | 1,000 | 2,000 |
| 第1期末 | 2,000 | 7% | 1,000 | |
| 第2期末 | 2,100 | 10% | 1,000 | |
| 第3期末 | 2,200 | 9% | 1,200 | |
| 第4期末 | 3,000 | 8% | 1,200 | |
| 第5期末 | 2,500 | 7% | 1,200 | 1,200 |
| 合計 | | | | 3,200 |

## 1　原価実現会計の処理例

　図表7-2では，原価実現会計の一般的な処理方法に従い，設備の取得原価2,000億円を耐用年数5年，残存価額ゼロ，定額法で減価償却するとともに，固定資産の除去のための将来支出を各期の引当費用として配分している。

　ところでこの処理方法において償却の対象となる固定資産の取得原価（建設支出額）は設備の取得時の時価を反映する。しかしその後の価格変動は一切考慮されない。この取得原価が設備評価の基礎額として固定され，そしてこの金額が以後の各会計期間に減価償却費として規則的に配分される。

　一方，将来の除去支出についてはその見積額を固定資産の耐用年数間に費用として配分していく。ただし，減価償却費の計上が過去支出の後配賦（繰延計上）であるのに対して，引当費用の計上は将来支出の前配賦（見越計上）である。つまり配分の方向が逆になる。

　このように，原価実現会計の場合，時価が会計システムに取り込まれるのは過去支出（建設支出）と将来支出（除去支出）の発生時だけであり，その間（固定資産の耐用年数間）に発生する公正価値の変動は一切考慮されない。それによって各期の費用額を安定させるところに原価実現会計の大きな特徴がある。

　なお，設備の除去義務は引当金として貸借対照表に表示されるが，その金額は引当金繰入額の累計額（過去の費用の合計額）であり，債務の公正価値（将来

図表 7-2　原価実現会計の処理例

| | 減価償却費 | 設備評価額 | 引当金繰入額 | 過年度損益修正 | 設備除去引当金 | 費用合計 |
|---|---|---|---|---|---|---|
| 第1期首 | | 2,000 | | | | |
| 第1期末 | 400 | 1,600 | 200 | | 200 | 600 |
| 第2期末 | 400 | 1,200 | 200 | | 400 | 600 |
| 第3期末 | 400 | 800 | 240 | 80 | 720 | 720 |
| 第4期末 | 400 | 400 | 240 | | 960 | 640 |
| 第5期末 | 400 | 0 | 240 | | 1,200 | 640 |
| 合計 | 2,000 | | 1,120 | 80 | | 3,200 |

（注）過年度損益修正 80 億円＝1,200 億円÷5 年×2 年－過年度減価償却累計額 400 億円。

支出の割引現在価値）とは自ずと異なったものになる。

## 2　公正価値会計の処理例

　公正価値は原則的には決算時に成立している時価，あるいはそれに代わる将来キャッシュフローの割引現在価値を意味する。したがって設例では設備の評価額を決算時の「再調達原価－再調達原価に基づく減価償却累計額」とし，決済市場が通常存在しない固定資産除去債務は将来支出見積額の割引現在価値によってこれを測定するものとした。そのうえで設備費用（＝純資産減少額＝設備評価差額＋除去債務評価差額＋支出額）を計上すると図表 7-3 の数値（①＋②＋③）になる[11]。

　この設例にあるように，公正価値会計の神髄はストックを毎期再測定し，その金額を貸借対照表に表示するとともに，公正価値の変動額をそのまま損益として認識するところにある（図表 7-4）。つまりその計算構造は市場と一体であり，毎期の費用額（ないし利益額）は市場の動向によって大きく変動する。

## 3　混合会計の処理例（SFAS143 号の場合）

　固定資産除去債務の会計処理を取り扱った SFAS143 号は，固定資産を取得

図表 7-3　公正価値会計の処理例

| | 設備<br>評価額 | 設備評価<br>差額① | 除去債務<br>評価額 | 除去債務<br>評価差額② | 支出額③ | 設備費用<br>①＋②＋③ |
|---|---|---|---|---|---|---|
| 第 1 期首 | 2,000 | 2,000 | 681 | -681 | -2,000 | -681 |
| 第 1 期末 | 1,600 | -400 | 763 | -82 | | -482 |
| 第 2 期末 | 1,260 | -340 | 751 | 12 | | -328 |
| 第 3 期末 | 880 | -380 | 1,010 | -259 | | -639 |
| 第 4 期末 | 600 | -280 | 1,111 | -101 | | -381 |
| 第 5 期末 | 0 | -600 | 0 | 1,111 | -1,200 | -689 |
| 合計 | | 0 | | 0 | 3,200 | -3,200 |

(例)　第 2 期末の設備評価額 1,260 億円＝ 2,100 億円－(2,100 億円÷ 5 年× 2 年)
　　　第 3 期末の設備評価額 880 億円＝ 2,200 億円－(2,200 億円÷ 5 年× 3 年)
　　　第 2 期末の除去債務評価額 751 億円＝ 1,000 億円÷$(1+0.1)^3$
　　　第 3 期末の除去債務評価額 1,010 億円＝ 1,200 億円÷$(1+0.09)^2$

図表 7-4　公正価値会計の財務諸表

貸借対照表

| 設備(再調達原価－<br>減価償却累計額) | 設備除去債務<br>(将来支出の現価) |
|---|---|

損益計算書

| 設備の減価額<br>債務の増価額 | 設備の増価額<br>債務の減価額 |
|---|---|
| 支出額 | |

した時点で除去債務の認識を要求しており，その測定は除去に必要な将来支出の割引現在価値による。ただし，公正価値会計のように債務の増加（による純資産の減少）をそのまま損失として認識するわけではない。SFAS143 号はこの債務と同額の固定資産の計上を規定しているが，その意味を解釈すると次のようになるであろう。

　まず，海中油田や原子力発電所のように環境負荷が大きい固定資産は廃棄時の除去が不可欠である。その場合，固定資産の取得原価は当初の建設支出だけでなく，これと除去のための支出によって構成されると考えなければならな

図表7-5　混合会計（SFAS143号）の処理例

| | 設備支出 | | 除去支出 | | | | 除去支出修正 | | | | |
|---|---|---|---|---|---|---|---|---|---|---|---|
| | 設備 | 減価償却費 | 設備除去債務 | 追加設備 | 利子費用(8%) | 減価償却費 | 設備除去債務 | 追加設備 | 利子費用(9%) | 減価償却費 | 費用合計 |
| 第1期首 | 2,000 | | 681 | 681 | | | | | | | |
| 第1期末 | 1,600 | 400 | 735 | 544 | 54 | 136 | | | | | 591 |
| 第2期末 | 1,200 | 400 | 794 | 408 | 59 | 136 | | | | | 595 |
| 第3期末 | 800 | 400 | 857 | 272 | 64 | 136 | 168 | 168 | | 56 | 656 |
| 第4期末 | 400 | 400 | 926 | 136 | 69 | 136 | 185 | 112 | 15 | 56 | 676 |
| 第5期末 | 0 | 400 | 1,000 | 0 | 74 | 136 | 200 | 56 | 17 | 56 | 683 |
| 合計 | | 2,000 | | | 320 | 680 | | | 32 | 168 | 3,200 |

い。ただし除去のための支出が発生するのは将来期間であり，建設支出とは貨幣の時間価値が異なる。そこで除去支出の見積額を現在価値に割り引くことで時間価値を揃え，そのうえで両者を合計して取得原価を求めることになる。

　一方，除去債務に対しては，営業費用[12]（支払利息ではない）としての利子費用（＝除去債務期首残高×割引率）を計上していく[13]。そして将来の除去支出の見積額を修正した場合には，差額を現在価値に割り引き，それを新たな債務及び資産として追加（減額）計上する[14]。ただし市場利子率の変動による債務の増減は認識しない[15]。そして，追加分の資産については同じく減価償却を行い，追加分の債務については再測定時の割引率（減額分は過去の平均割引率）によって利子費用を計上する。以上の計算例を示したのが図表7-5である。

　ところで，この方式の最大の特徴が除去支出の取り扱いにあることはいうまでもない。すなわち将来支出の現在価値によって除去債務を表示しつつ，同時に固定資産を計上することで損益に対する影響を相殺し，そのうえで固定資産については減価償却を行い，債務については利子費用を計上する。つまり図表7-6に示されているように，SFAS143号は将来の支出を減価償却費と計算上の利子費用に分解する装置を組み込んでおり，その基本的な計算構造はリース会計と同じである[16]。

　図表7-7は，これらの計算構造のもとで作成される財務諸表を示している。

図表7-6　SFAS143号における将来支出の配賦方法

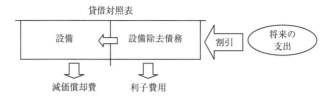

図表7-7　SFAS143号の財務諸表

この図表を図表7-4と比較すると明らかなように，SFAS143号の場合も公正
価値会計と同じく将来支出の割引現在価値によって債務を表示する。にもかか
わらず，損益計算書にはその変動額を損益として計上しない。それは，市場利
子率の変動による債務の増減を無視するためであり，さらに支出見積額の変更
に伴う債務の再測定時にも，既存の債務は修正しないからである。

　その結果，除去債務に対して発生する利子費用は債務の認識時点（計算開始
時点）で確定し，そして除去債務に対応して計上される固定資産についても，
その減価償却費は計算開始時点で確定する。このようにSFAS143号の計算構
造は一部公正価値会計の外観を伴いながら，その実質は支出額を規則的に費用
配分することで費用の安定化を可能にするものとなっている。

## 第3節　基礎概念の整合性と情報のレリバンス

ストックの公正価値情報を提供しようとすれば損益が激変し，原価実現会計

の稼得利益情報を提供しようとすれば，ストックの表示額が実態から乖離する。この矛盾の中でSFAS143号は，負債の公正価値表示と利益の安定化という2つの要請を同時に達成する装置を組み込んでいることは前述した。この点は，年金資産の時価による測定や未積立累積給付債務のオンバランスを求めながら，一方で無形資産の追加計上[18]や種々の未認識項目を設定することで年金費用の安定化を図っているSFAS87号[19]にも共通する。

　そこで冒頭で述べたように，これらの基準書に見られる基本的スタンスをFASBによる情報ニーズへの対応の現れと理解するとき，そこにはストックの公正価値情報と，原価実現会計の稼得利益情報に対する社会的ニーズの存在を仮定することになる。もちろんこれらの情報が同一の会計システムから生み出されるのであれば問題は生じない。ところがこれらの情報は別個の会計システムに帰属しており，ここに今日の財務会計が抱える根本的な矛盾がある。

　いいかえれば同一の会計システム内でストック計算とフロー計算が連携していることを会計における基礎概念の整合性と考えるとき，先の情報ニーズのもとで情報のレリバンスを高めようとすれば基礎概念の整合性が失われ，整合性を維持しようとすれば情報のレリバンスが低下する。結局，財務会計制度はこれら2つの要素のトレードオフの関係の中で，いずれをより重視するかによって種々の形態に分かれる。その場合，概ね次の4つの基本形を想定することができよう。

①原価実現会計を選択し，他の情報ニーズを無視（例：原価実現会計の財務諸表のみを公表）。この場合，ストックの公正価値情報は提供されない。

②原価実現会計を選択し，脚注等で情報を補足（例：原価実現会計の財務諸表を公表し，明細表等でストックの公正価値情報を提供）。脚注で公正価値情報を提供することで，ストックの公正価値評価による利益の攪乱を避けることができる。

③原価実現会計を部分的に修正（例：資産除去債務会計や退職給付会計のように公正価値による測定を部分的に導入）。この場合，稼得利益の計算を維持する工夫（装置）が必要になる。

図表7-8　非連携モデル

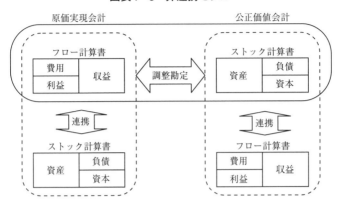

④ 2つの会計システムの中から情報ニーズに適合する計算書を抽出（例：原価実現会計の損益計算書と公正価値会計の貸借対照表を一組の財務諸表として公表）。

　このうち①〜③は，フロー計算とストック計算が同一の会計システム内で連携しており，基礎概念の整合性は保たれるが，④の場合は情報のレリバンスを最大限まで追求する代償として両者の連携が失われる。その際，同一の会計システム内における2つの計算の連携（いわば複式簿記の制約）が会計情報の信頼性を担保しているとするならば，④の非連携モデルは致命的な欠陥をもつといえる。

　もっとも④の場合にもフロー計算とストック計算がそれぞれ単独で行われているわけではない。図表7-8のように原価実現会計のフロー計算の背後ではストック計算が並行しており，公正価値会計のストック計算の背後ではフロー計算が並行している。つまり④の場合は2つの会計システムが同時に稼働し，それぞれのシステム内でフロー計算とストック計算が連携していることに着目する必要がある。そしてここに，従来のシステム観とは異なるより高次の連携を模索し，基礎概念の整合性を再構成する手がかりがある。

## 第4節　非連携モデルの展開

　非連携モデルについては様々な形態が考えられるが，ここでは公正価値によるストックの表示と，原価実現会計による損益計算の組み合わせを前提としよう。具体的には設備を「再調達原価－再調達原価に基づく減価償却累計額」，固定資産除去債務を「将来支出の割引現在価値」によって貸借対照表に計上し，損益計算書には，原価実現会計の「減価償却費」と「引当費用」を計上するものとする。その場合，両者の間には計算上の差異（「設備と債務の公正価値の変動額＋支出額」と「減価償却費＋引当費用」の差異）が生じるが，それをたと

#### 図表7-9　非連携モデル（公正価値表示＋稼得利益計算）の調整計算表

| | 設備評価額 | 設備除去債務 | 支出額 | 純資産変動額 | 減価償却費 | 引当費用 | 調整勘定繰入 | 調整勘定残高 |
|---|---|---|---|---|---|---|---|---|
| 第1期首 | 2,000 | 681 | 2,000 | -681 | | | -681 | -681 |
| 第1期末 | 1,600 | 763 | | -482 | 400 | 200 | 118 | -563 |
| 第2期末 | 1,260 | 902 | | -479 | 400 | 200 | 121 | -442 |
| 第3期末 | 880 | 1,010 | | -488 | 400 | 320 | 232 | -210 |
| 第4期末 | 600 | 1,111 | | -381 | 400 | 240 | 259 | 49 |
| 第5期末 | 0 | 0 | 1,200 | -689 | 400 | 240 | -49 | 0 |
| 合計 | | | 3,200 | -3,200 | 2,000 | 1,200 | 0 | |

#### 図表7-10　非連携モデルと調整勘定

| ストック変動計算書 | | フロー計算書 |
|---|---|---|

| △稼得利益<br>(a)＋(b) | 設備除去債務の変動額 | 減価償却費 (a)<br>引当費用 (b) |
|---|---|---|
| | 設備の変動額 | |
| 設備費用調整勘定繰入額 | 支出額 | |

えば「設備費用調整勘定」に繰り入れる[20]（以下，「調整勘定方式」）。その数値例が図表7-9であり，図表7-10ではこの関係を図解している。

　この図表からもわかるように，ここでいう調整勘定は有価証券評価差額のように特定項目の時価と簿価の差額を表す勘定ではない。一定の会計領域（この場合は固定資産除去債務会計）における公正価値会計上の純資産の増減額と，原価実現会計上の費用の差額[21]を繰り入れる勘定であり，その残高は2つの会計モデルの純資産の差額を表す。この関係を等式によって表現すれば，「公正価値会計上の純資産＝原価実現会計上の純資産（払込資本＋利益剰余金）＋調整勘定」の関係になる。つまりこの勘定を非連携モデルの貸借対照表に計上することでストック計算とフロー計算が接続され，貸借対照表の貸借が一致する。その意味でこの勘定は異なる2つの会計システムの連結環の機能を果たすことになる。

　その際，問題となるのがこの勘定の表示方法である。形式的には資産，負債，資本のいずれの区分にも計上しうるが，この種の混合勘定の資産性あるいは負債性を説明することは極めて困難であり，その表示場所は資本の部以外にはないと思われる。その場合，稼得利益の累積額である利益剰余金と，この調整勘定を明確に区別することになるが，その場合の貸借対照表の構造は「包括利益[22]」を「純利益」と「その他の包括利益」に分割し，それぞれの累計額を資本の部に計上するSFAS130号『包括利益の報告』の「一計算書アプローチ」，あるいは「二計算書アプローチ」と基本的に同じである[23]。ただしこれら2つのアプローチでは「その他の包括利益」が項目ごとに表示される（総額法）のに対して，調整勘定方式では複数の評価差額が調整勘定の中で合算されることになる（純額法）。また，上記の2つのアプローチではフローの計算書に稼得利益（純利益）とその他の包括利益が表示されるが，調整勘定方式の場合には損益計算書に稼得利益しか表示されない。

　この点に関連して，調整勘定方式の場合は，貸借対照表上の純資産の増減額と損益計算書上の損益額が一致しない。ただしクリーンサープラス関係は損益計算書上の損益額と，貸借対照表上の利益剰余金の間で成立する[24]。この点は

SFAS130 号に示されていた[25]「株主持分変動表」方式，あるいはわが国の純資産直入方式を採用した場合と同じである[26]。もちろんその場合にも純資産直入方式では「その他の包括利益累計額」の構成項目が個々に明示されるのに対して，調整勘定方式ではこれらの項目が1つの勘定に集約される。

　以上の整理から明らかなように，調整勘定方式も，SFAS130 号が示した3つの方式も，貸借対照表にその他の包括利益累計額（＝資産［公正価値］－負債［公正価値］－払込資本－稼得利益累計額）を表示する点で実質的な差異はない。しかし調整勘定方式は，情報のレリバンスの観点から，貸借対照表ではストックの公正価値を表示しつつ，損益計算書では稼得利益のみを表示する[27]という矛盾した目的を遂行しながら，その一方でストック計算とフロー計算の連携を従来とは異なった次元で構築し，その関係を調整勘定によって明示しようとする方式である。ここにこの方式の独自性を求めることができよう。

1　収益費用中心観と資産負債中心観については以下を参照。FASB, Discussion Memorandum, *An Analysis of Issues Related to Conceptual Framework for Financial Accounting and Reporting: Elements of Financial Statements and Their Measurement*, 1976, paras. 34-70, 津守常弘監訳『FASB 財務会計の概念フレームワーク』中央経済社，1997 年，53-69 頁。

2　FASB, SFAS143, *Accounting for Asset Retirement Obligations*, 2001, paras. 3-10.

3　IASC, IAS37, *Provisions, Contingent Liabilities and Contingent Assets*, 1998, paras. 36-47, 日本公認会計士協会国際委員会訳『国際会計基準審議会 国際会計基準書2001』同文舘，2001 年，690-692 頁。

4　IASB, *Exposure Draft of Proposed Amendments to IAS37 Provisions, Contingent Liabilities and Contingent Assets and IAS19 Employee Benefits*, 2005, paras. 29-40.

5　FASB, SFAS143, para. 11.

6　*Ibid.*, para. 13.

7　FASB は，2006 年9月に SFAS158 号『確定給付型年金とその他の退職後給付における事業主の会計—SFAS87 号，88 号，106 号，132（R）の改訂』を公表し，予測給付債務と年金資産の純額を貸借対照表に計上し，遅延認識を廃止した。しかし，過去勤務費用や数理計算上の差異などは，発生時に費用処理されず，その他の包括利益として認識され，それ以後の会計期間で年金費用として計上される（FASB, SFAS158, *Employers' Accounting for Defined Benefit Pension and Other Postretirement Plants an amendment of FASB Statements No. 87, 88, 106, and 132(R)*, 2006, para. 4）。SFAS158 号においても，損益の影響が中和化されることに変わりはない。

8　FASB, Exposure Draft, *Fair Value Measurements*, 2004, paras. 4-7. FASB は，2006 年 9 月に SFAS157 号『公正価値測定』を公表し，公正価値の概念を明確化している（FASB, SFAS157, *Fair Value Measurements*, 2006）。

9　「稼得利益という概念は，現行の会計実務における純利益と類似する概念である」（FASB, SFAC5, *Recognition and Measurement in Financial Statements of Business Enterprises*, 1984, para. 33, 平松一夫・広瀬義州訳『FASB 財務会計の諸概念〈増補版〉』中央経済社，2002 年，226 頁）。

10　IASC, IAS37, Appendix C, Example 3: Offshore Oilfield, 日本公認会計士協会国際委員会訳，前掲書，703 頁。

11　この処理を仕訳で示すと次のようになる。

第 1 期首　（借）設　　　　　備　2,000　　（貸）現　　金　　等　2,000
　　　　　　（借）債務評価差額　　681　　（貸）設 備 除 去 債 務　　681
第 1 期末　（借）設備評価差額　　400　　（貸）設　　　　　備　　400
　　　　　　（借）債務評価差額　　 82　　（貸）設 備 除 去 債 務　　 82

12　FASB, SFAS143, para. 14.

13　当初認識時と第 1 期末の仕訳は次のようになる。

第 1 期首　（借）設　　　　　備　2,000　　（貸）現　　金　　等　2,000
　　　　　　（借）設　　　　　備　　681　　（貸）設 備 除 去 債 務　　681
第 1 期末　（借）減 価 償 却 費　　400　　（貸）減価償却累計額　　400
　　　　　　（借）利 子 費 用　　 54　　（貸）設 備 除 去 債 務　　 54

14　図表 7-4 の第 3 期末の債務追加額は，支出見積額の増加 200 億円 ÷ $(1+0.09)^2 = 168$ 億円として計算している。

15　FASB, SFAS143, paras. 11, 13-15, Appendix E. 高寺貞男「［研究ノート］公正価値会計への中途半端な転換」『大阪経大論集』第 54 巻第 4 号，2003 年では除去債務の測定方法が利益に与える影響と，基準書の立場が明快に分析されている。

16　この点については，石川純治「資産化と利子配分」『会計理論学会年報』第 17 号，2003 年，37-45 頁を参照。

17　FASB は，1999 年に産業界の代表と会合をもち，債務を毎期公正価値で再測定し，変動額を財務諸表に反映する「新出発法（fresh-start approach）」と，設例にある「利息配分法（interest method of allocation）」の 2 つについて討議している。産業界は新出発法によると利子率の上昇時に費用がマイナスになるばかりか，利子率の変動によって継続的な事業から獲得した利益を上回る利得や損失が生じる可能性があると主張し，FASB も，他の負債について公正価値の測定が要求されるようになるまで，新出発法の採用は時期尚早であるという結論に至った（FASB, SFAS143, paras. B48-B53）。

18 SFAS87号の規定に従うと，累積給付債務が年金資産の公正価値を超過した場合，未積立の年金資産の金額に等しくなるように負債を追加計上する（FASB, SFAS87, *Employers' Accounting for Pensions*, 1985, para. 36）。ただしこの追加最小負債は単独で計上されるわけではなく，同額を無形資産（intangible asset）として貸借対照表に計上し，追加最小負債と無形資産を両建にする（*Ibid.*, para. 37）。

19 *Ibid.*, paras. 24, 29, 32 等を参照。

20 この勘定繰入額は図表7-9のような計算表に現れるだけで，損益計算書に表示されるわけではない。損益計算書には原価実現会計上の費用が計上されるだけである。

21 図表7-9に示したように，この勘定は取引の終結（この場合は設備の廃棄）とともに消滅する。なぜならいずれの会計モデルにおいても費用総額は関連の支出額に一致するからである。なおこの点については，藤田昌也「現在価値の一考察」『會計』第160巻第4号，2001年，1-11頁を参照。

22 包括利益について最も詳細に論じているのはFASBのSFAC5号であり，次のように述べている。「包括利益は取引その他の事象が企業に及ぼす影響についての広範な測定値であり，それは出資者による投資および出資者への分配から生じる持分（純資産）の変動を除き，取引その他の事象および環境要因からもたらされる一会計期間の企業の持分について認識されるすべての変動から構成される」（FASB, SFAC5, para. 39, 平松一夫・広瀬義州訳，前掲書，230頁）。つまり包括利益概念と当期純利益の間には「包括利益＝当期純利益＋純資産のその他の変動（出資者との取引を除く）」の関係が成立する。その「純資産のその他の変動」の主要な部分は「特定の保有利得および保有損失」（*Ibid.*, para. 42, 同書，231頁）である。

　　このSFAC5号を基準化したSFAS130号『包括利益の報告』は次のように規定している。「このステートメントでは，一般に認められた会計原則によって包括利益に含められるが，純利益からは除去される収益，費用，利得，損失を表すためにその他の包括利益という用語を用いる」（FASB, SFAS130, *Reporting Comprehensive Income*, 1997, para. 10）。「このステートメントでは包括利益を純利益とその他の包括利益に区分する」（*Ibid.*, para. 15）。なお，包括利益に関する詳細については，岩崎勇「学会論叢　包括利益の展開」『JICPAジャーナル』第15巻第4号，2003年，66-71頁を参照。

23 SFAS130号が例示している「一計算書アプローチ」では包括利益計算書で当期純利益と包括利益を計算し，「二計算書アプローチ」では，損益計算書と包括利益計算書を分割する。しかしいずれの方法も「その他の包括利益」を包括利益の計算要素としており，それは貸借対照表の資本の部に振り替えられ，その他の包括利益累計額（Accumulated other comprehensive income）として表示される（FASB, SFAS130, para. 26）。

24 この問題については，辻山栄子「利益の概念と情報価値（1）—実現の考え方—」斎藤静樹編著『会計基準の基礎概念』中央経済社，2002年，349-374頁を参照。

25　FASB, SFAS130, para. 26.

26　たとえば企業会計基準委員会，企業会計基準第10号『金融商品に関する会計基準』，2006年，18項を参照。非連携モデルは純資産直入方式の形ですでにわが国の会計制度に導入されているといえる。

27　この思考は，同じく公正価値によるストックの表示を前提としながら，包括利益を唯一の利益と考え，リサイクリング処理（実現利益の表示）を否定する会計思考（公正価値会計）の対極にある。なお，リサイクリングの仕訳例については，佐藤信彦編著『業績報告と包括利益』白桃書房，2003年，135−146頁を参照。

# 第8章　IFRS の情報特性と日本の選択

## 第1節　は　じ　め　に

　現在の国際財務報告基準（International Financial Reporting Standards: IFRS）
によって構成される会計モデルはかつてわが国の企業会計原則が志向していた
取得原価主義会計でもなければ，すべての資産と負債を時価等で測定する全面
公正価値会計でもない。実態は両者のハイブリッド型，いわば「混合会計」と
でも称すべき計算構造である。

　本章の目的は引当金，収益認識，無形資産等の個別会計基準に着目すること
で IASB がかつて開発しようとしていたと思われる会計モデルが現在の混合会
計として収斂している状況を整理している。そこで問題になるのがこの混合会
計の情報特性である。すなわち混合会計がいかなる情報ニーズに対応するの
か，この点を明らかにすることで日本の会計基準はもとより，種々の会計基準
を分析する際の，1つの視座を得ることができると考えるからである。

## 第2節　3つの個別会計基準の特徴

　上記の個別会計基準のうち，IAS37 号と IAS38 号『無形資産』が IASC か
ら公表されたのは 1998 年である。また 2002 年には，新たな収益認識基準で
ある IFRS15 号の開発が IASB と FASB の共同プロジェクトとしてスタート

した。では，当時の IASB は，これらの会計基準を構成要素としながら，いかなる会計モデルを構築しようとしていたのか，この問題を解く手がかりとして3つの会計基準の特徴を要約すると以下のとおりである。

## 1 引当金会計基準

IAS37 号の最大の特徴は引当金会計の基本思考として資産負債中心観を採用したことにある。一方の収益費用中心観の場合，引当金の設定は費用の計上が主要な目的とされ，その計上根拠は期間損益計算上の諸原則（費用原因発生主義や費用収益対応の原則など）に求められる。これに対して IAS37 号では，一定の要件を満たした「時期又は金額が不確実な負債」の認識が引当金設定の目的であり，その認識根拠は法的又は推定的債務の存在にある。その際，引当金の金額が重要な論点になるが，IAS37 号はこれを「報告期間の末日現在で債務を決済するため，又は同日現在で債務を第三者に移転するために企業が合理的に支払う金額」の最善の見積りと定めている。いわゆる現在出口価格である。

## 2 収益認識プロジェクト

今日，実務を支配している収益認識基準は収益費用中心観を代表する実現稼得過程アプローチである。これに対して 2002 年にスタートした IASB と FASB の共同プロジェクトは，収益認識基準の開発にあたり，その基本思考として資産負債中心観を採用した。そこで説明されている収益認識の手続きは次のとおりである。

①強制力のある契約から生じる「未履行の権利（対価を受領する権利）」と「未履行の義務（財・サービスを提供する義務）」を公正価値によって測定する。

②その結果が「未履行の権利＞未履行の義務」の状態であれば，両者の差額を「契約資産」として認識し，逆に「未履行の権利＜未履行の義務」の場合は，差額を「契約負債」として認識する。

③契約後，業務の遂行によって未履行の義務が減少し，それによって契約資産が増加するか，あるいは契約負債が減少した場合に，これを収益として認識する。

　この手続きに示されているように，共同プロジェクトが提起した収益認識モデルは未履行の権利・義務の測定に依存する。そして共同プロジェクトがその測定属性として当時主張していたのが現在出口価格（未履行の権利については，対価を受領する権利を第三者に譲渡する場合に企業が受け取る金額，未履行の義務については，企業が財・サービスを提供する義務を第三者に引き取ってもらう場合に当該企業が支払う金額）である。

　なお，この「現在出口価格アプローチ」によると，契約時点で収益の一部を認識することが常態化するだけでなく[7]，未履行の義務の公正価値が変動した場合には収益額と収入額が乖離するなど[8]，一般の承認を得難い会計処理が必要になる。そのため2008年に公表された討議資料はこの方式を放棄し[9]，顧客対価を未履行の義務に配分する「当初取引価格アプローチ[10]」を採用した。IFRS15号もこの当初取引価格アプローチに基づいている[11]。

### 3　無形資産の会計基準

　IAS38号は一定の条件のもとに研究開発費の資産計上を認めている。一般論として無形資産の計上は，収益費用中心観の貸借対照表から欠落しているブランド力やノウハウ等の超過収益力要因を表示する意味をもつとされている。

## 第3節　IFRSの会計モデル

　ではIFRSはこれらの個別会計基準を構成要素としながら，いかなる会計モデルを構想していたのであろうか。その手がかりになるのが企業価値の評価方法と会計情報の関係である。

　まず，IFRSの主要な目的は企業価値（特に株主にとっての企業価値）の測定に必要な情報を資本市場に提供することにあると理解されているようである。

問題はその方法であり，そこには損益計算書を中核に置く収益費用中心観的な方法と，貸借対照表を中核に置く資産負債中心観的な方法がある。徳賀芳弘はそれぞれの思考を「会計利益モデル」と「純資産価値モデル」として特定（具体化）し，それを準拠枠にしながら IFRS の現在の姿である「混合モデル」の今後の展開について考察している[12]。本章においてもこの2つの中心観に基づく会計モデルを対比することから始め，そのうえで現行の会計モデルである「混合会計」の情報特性を明らかにしてみたい。その際，収益費用中心観の理念型を「稼得利益表示モデル」，資産負債中心観のそれを「企業価値表示モデル」と呼ぶことにする。

　まず稼得利益表示モデルは，割引キャッシュフローモデル，配当割引モデル，残余利益モデル等，フロー・ベースの企業価値測定モデルにインプットする数値（将来のキャッシュフロー，配当額，利益額，資本コスト，リスク等）を推定するために必要な情報を提供するモデルを意味する。そこに想定されているのが，①平準化されたキャッシュフロー情報である過去の稼得利益情報の取得⇒②将来の稼得利益やキャッシュフロー等の予測⇒③割引計算による企業価値の測定，のプロセスである。その際，経営者が管理できない資産・負債の市場価格の変動を稼得利益に反映させると，企業価値の測定過程にノイズを持ち込むことになりかねない。そのため，このモデルにおける資産・負債の評価は基本的に当初取引価額（取得原価）に基づくことになる[13]。いうまでもなく，このモデルは投資家等の企業外部者による企業価値の測定が前提である。

　これに対して，株主にとっての企業価値を貸借対照表の純資産額によって表示するのが企業価値表示モデルである。その場合，株主価値には，事業の継続を前提とした「継続企業価値」と，企業の解散（解体・売却）を前提とした「清算企業価値」がある。このうち継続企業価値を表示する貸借対照表は，「金融資産（公正価値）＋有形資産（公正価値）＋無形資産（ブランド等の公正価値）＋買入のれん＋『主観のれん（自己創設のれん）』－負債（公正価値）＝純資産＝株主価値」の関係を示すものになるはずである。

　以上の整理から明らかなように，稼得利益表示モデルを構築する場合には，

資産と負債の公正価値情報は不要である。この点から，引当金会計基準（1998年）や収益認識プロジェクト（2002年）等，資産と負債の公正価値評価に基づく会計処理を次々に導入しようとしてきたIASBは，当時，貸借対照表によって継続企業価値を表示する会計モデル，いわゆる全面公正価値会計の構築をめざしていたのではないかと思われる[14]。

　しかしこの会計モデルには大きな制約条件がある。すなわち先の計算式にある金融資産，有形資産，無形資産，買入のれん，負債については，市場価格が存在するか，あるいは擬似的な市場価格を推定することが少なくとも理論上は可能である。ところが「主観のれん」は各企業の資産・負債・人的資源等の組み合わせが生み出す超過収益力の資本還元価値であることから，これだけを切り離して売買することができない。つまり主観のれんには市場価格が存在しない[15]。したがって継続企業価値を表示するためには，経営者が内部情報（将来キャッシュフローの予測値等）に基づいて主観のれんを推定し，これを貸借対照表に計上する必要がある。

　もっとも，この種の会計処理（経営者による自己採点）が一般の承認を得る可能性は極めて小さい[16]。そのため，主観のれんについては外部者による推定を前提とした会計モデルが必要になる。たとえば「①資産・負債の公正価値評価（BS情報）⇒②純資産に対する資本コストの計算⇒③資本コストを超える利益額（PL情報）の割引現在価値＝主観のれん」の計算が可能になるモデルである。その際，③資本コストを超える利益額の計算には，超過利益を含んだ稼得利益の数値が欠かせない[17]。ここに資産・負債の公正価値測定と稼得利益計算を組み合わせた混合会計モデルが成立する要因がある。

## 第4節　混合会計の構造と情報特性

### 1　混合会計の意味[18]

　ここで改めて混合会計の計算構造を確認すると，そこには2つの混合を見出すことができる。ひとつは，事業活動の成果計算と，資産・負債の部分的公正

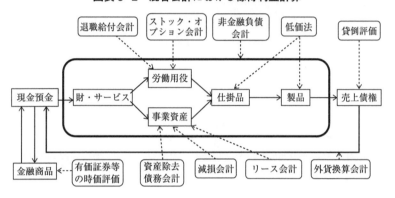

図表 8-1　実現稼得過程アプローチによる稼得利益計算

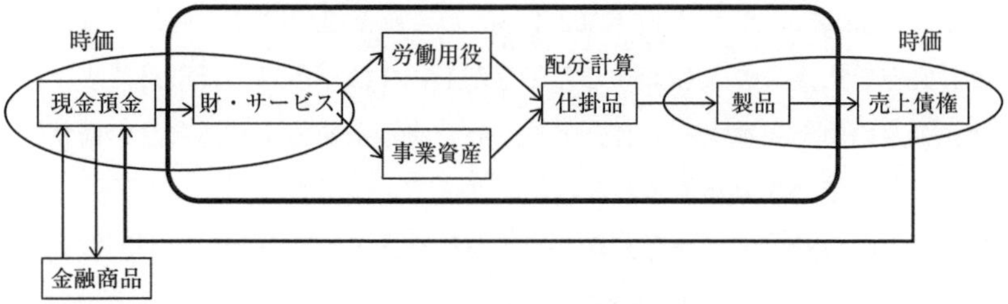

図表 8-2　混合会計における稼得利益計算

価値評価が「当期純利益＋その他の包括利益＝包括利益」として一体化しているという意味でのいわば形式的混合であり，いまひとつは，当期純利益（営業利益）が包括利益化しているという意味での実質的混合である。

　このうち実質的混合について付言するならば，純粋な稼得利益表示モデルにおける公正価値による測定は，図表 8-1 のように財・サービスが企業内に流入するときと流出する時に限られている。そして企業内で変化していく財・サービスの金額は，その取得原価の機械的な配分計算によって測定される。

　ところがこれに対して IFRS における当期純利益の計算過程には，図表 8-2 のように資産・負債の公正価値情報に基づく各種の処理方法が組み込まれており，そこで計算される稼得利益は「市場連動型稼得利益」と呼ぶべきものに変

質している。[20]ただしこれらの会計処理は稼得利益計算そのものを否定するものではない。

## 2　混合会計の情報特性

　ところで混合会計については，これを全面公正価値会計（継続企業価値表示モデル）に移行中の一形態と位置付けることも可能であろう。つまり，IASBは全面公正価値会計の構築に向けて資産・負債の公正価値測定を次々に導入したものの，主観のれんの計上問題や測定技術上の限界，社会・経済状況の変化等により，現状は混合会計のまま停滞しているという理解である。しかし，混合会計が提供する情報内容を確認すると，それとは異なる姿が見えてくる。ここで改めて3つの会計モデルの情報特性を整理してみよう。

　①稼得利益表示モデル：資産・負債の原価情報＋稼得利益情報

　　⇒外部者による継続企業価値の測定

　②継続企業価値表示モデル：資産・負債の公正価値情報＋主観のれんの計上

　　⇒経営者による継続企業価値の報告

　③混合会計：資産・負債の部分的公正価値情報＋市場連動型稼得利益情報

　　⇒外部者による継続企業価値の測定

　ここに示されているように，これら3つのモデルはいずれも継続企業価値の測定を可能にする点で共通しているが，資産と負債の測定属性が大きく異なる。その際，②と③のモデルにある公正価値の具体的な内容が問題になるが，先の引当金会計基準，あるいは収益認識プロジェクト等で前提とされてきたのは現在出口価格である。仮にこれを基本に置くならば，資産は第三者への譲渡価格（事業の清算によるキャッシュ・インフロー），負債は義務を第三者に引き受けてもらうために支払う金額（事業の清算によるキャッシュ・アウトフロー）によって測定され，両者の差額である純資産額は，当該企業の「清算企業価値」を表すことになる。[21]

　先の継続企業価値が株価の妥当性を判断する基準値とされるのに対して，この清算企業価値はファンド等がターゲット企業の売買（M&A）について判断

する場合の基本情報になり，また銀行等にとっては潜在的な貸付先の担保価値を評価するための目安になる[22]。このように考えるとき，資産，負債の公正価値情報は，金融セクターに属する各種の企業（各種の金融機関，ファンド，機関投資家等）にとって取得原価情報よりもはるかに有用であり，継続企業価値と清算企業価値のいずれの計算にも対応できる混合会計モデルは，継続企業価値の測定に特化した稼得利益表示モデルよりも高い有用性をもつことになる[23]。

さて，前世紀末から勢いを増していた IFRS の全面公正価値会計への動きが急に止まったのは 2008 年のリーマンショックの時である。その直後の 2010 年に IASB が公表した『財務報告に関する概念フレームワーク』は次のように述べていた。「一般目的財務報告の目的は，現在の及び潜在的な投資者，融資者及び他の債権者が企業への資源の提供に関する意思決定を行う際に有用な，報告企業についての財務情報を提供することである。それらの意思決定は，資本性及び負債性金融商品の売買又は保有，並びに貸付金及び他の形態の信用の供与又は決済を伴う[24]」。「一般目的財務報告書は，報告企業の価値を示すようには設計されていないが，現在の及び潜在的な投資者，融資者及び他の債権者が報告企業の価値を見積るのに役立つ情報を提供する[25]」。

IASB が設定したこの財務報告目的と混合会計を照合するとき，継続企業価値と清算企業価値の計算を可能にする混合会計は上記の財務報告目的に十分適応できる状態にある。その意味で混合会計は 1 つの完成した会計モデルといえよう。

なお，「投資者，融資者及び他の債権者が報告企業の価値を見積るのに役立つ情報」については次の点を確認しておく必要がある。すなわち金融セクターに属する企業にとって第一義的に有用な情報は自身の公正価値情報ではなく，ターゲット企業（貸付先，M&A の対象企業）のそれであるという点である。部分的とはいえ，IFRS が製造業や流通業の資産や負債についても公正価値による表示を求めているのはそのためであると解釈できる。

## 第5節　個別会計基準と稼得利益計算

　上述のように，資産と負債の公正価値には大きな情報価値があるものの，評価差額を損益に反映させれば，市場価格の変動によって利益が攪乱され，稼得利益がもつ将来キャッシュフローの予測能力が低下する可能性がある。もし混合会計がこれら2つの対立する情報要求の上に成り立っているのであれば，稼得利益の予測能力に与える負の影響が公正価値測定のレベルを引き上げる際の制約要因になりうる。

　ここで稼得利益の計算の観点から3つの個別会計基準を見ると，その具体的な処理はいずれも従来の稼得利益表示モデルを温存したものになっている。

　まず，IAS37号の場合，引当金の測定属性は債務（法的債務，推定的債務）を決済するために必要な支出（現在出口価格）であり，この点は将来の費用性支出を引当金の測定基礎とする稼得利益表示モデルのそれと基本的に同じである。[26] また，IAS37号では，引当金（債務）の認識の結果として費用を認識するのに対して，稼得利益表示モデルでは費用の認識の結果として引当金（負債）が認識される。しかし両者はコインの表と裏の関係にあり，会計処理の結果に基本的な差異は生じない。

　次に収益認識基準を定めたIFRS15号の場合，当初の目論見どおりこの基準が現在出口価格アプローチを採用していたならば，収益の認識は未履行の義務の公正価値の変動にさらされることになる。しかし最終的に採用されたのは顧客対価（契約価額）を未履行の義務に配分する当初取引価格アプローチであり，その処理結果は稼得利益表示モデルと類似したものになる。

　さらに無形資産の会計基準であるIAS38号は，自己創設の無形資産の計上を一定の条件のもとに認めている。[27] 当然，それによって費用の期間配分は変化するが，その処理は稼得利益表示モデルにおける繰延資産の計上と類似する。このように3つの会計基準は，外形上資産と負債の認識と測定を出発点としつつ，その計算構造は価格変動が稼得利益計算に与える影響をできるだけ回

避しようとしている。

## 第6節　むすびに代えて

　本章の議論は以下の仮定に基づいている。

①資金提供者にとって貸借対照表に表示される資産と負債の公正価値には取得原価や当初取引価額以上の情報価値がある。

②損益計算書に表示される稼得利益（事業活動を通じて得た利益）情報は企業価値の計算に不可欠である。

③資産と負債の評価差額を損益に反映させれば利益が攪乱され，稼得利益がもつ将来キャッシュフローの予測能力が低下する。

　IFRS に代表される混合会計が情報の提供をめぐる上記の矛盾のもとに成り立っているのであれば，公正価値の測定レベルの引き上げには自ずと制約が伴う。したがってこの点に限った議論をすれば，混合会計は今後も継続することになる。しかし理論上この制約から解放される方法がないわけではない。たとえば全面公正価値会計の貸借対照表と，取得原価主義会計の損益計算書を一組の計算書とする，いわゆる非連携の財務諸表の作成がそれである。その際，貸借対照表には資産・負債の公正価値情報が表示され，損益計算書には市場価格の変動から切り離された稼得利益情報が記載されることになる。

　そして最後に会計機能の問題について触れておきたい。IFRS は資金提供者に対する企業情報の提供を主要な目的としており，分配可能利益の計算等，会計が担っているその他の機能の取り扱いは副次的である。しかし稼得利益の計算と分配可能利益の計算は密接に関連しており，その数値に基づいてマクロレベルの資源の移転（所得の再配分）が行われている社会的意義は大きい。その際，稼得利益の計算を財政状態の計算から切り離すことで公正価値の測定から生じる評価差額の処理について制約のない議論が可能になる。資本市場への情報提供機能の検討に加えてこれらの根本的な問題についても目を向ける必要があるのではなかろうか。

1　2001 年に IASB が採用した IAS37 号と IAS38 号は，元々，IASC が 1998 年に公表したものである。ただし，IASB は，2004 年 3 月（最終改正 2014 年 5 月）に IAS38 を改訂している。

2　IAS37 号の計算構造と改定案の内容については，松本敏史「IAS37 号を巡る動きと計算構造の変化」『企業会計』第 62 巻第 9 号，2010 年，25-32 頁を参照されたい。

3　IASC, IAS37, *Provisions, Contingent Liabilities and Contingent Assets*, 1998, para. 10, IFRS 財団編，企業会計基準委員会・財務会計基準機構監訳『国際財務報告基準（IFRS）2015』中央経済社，2015 年，A1089 頁。

4　*Ibid.*, para. 37, 同書，A1094 頁。

5　実現稼得過程アプローチという用語は，FASB が 2002 年に公表したレポート（FASB, The Revenue Recognition Project, The FASB Report, December 24, 2002, p. 3）で用いられている。ここでいう「実現」は現金や流動性の高い資産の取得を意味し，「稼得過程」は企業の主たる経営活動の中で収益の獲得を決定づける事象の発生（たとえば財・サービスの顧客への提供）を意味している。すなわちこのアプローチはこれら 2 つの条件が成就した時点で収益を認識する思考をいう。詳細については，FASB, SFAC5, *Recognition and Measurement in Financial Statements of Business Enterprises*, 1984, paras. 83-84, 平松一夫・広瀬義州訳『FASB 財務会計の諸概念〈増補版〉』中央経済社，2002 年，249-252 頁を参照されたい。

6　未履行の権利・義務の差額を契約資産あるいは契約負債として認識する手続きは，デリバティブ取引で用いられる「差金決済」と同じ思考である。

7　【設例】顧客の工場に 100 万円で機械を納入する契約を締結した時点の未履行の権利の現在出口価格が 100 万円，未履行の義務の現在出口価格が 90 万円とする（コストを伴う契約の獲得に必要な業務がすでに完了し，機械の納入だけが未履行の義務になっているため，その現在出口価格は契約価格よりも小さくなるとされる）。この契約は「未履行の権利 100 万円＞未履行の義務 90 万円」の状態にあるため，差額の 10 万円を契約資産として認識し，同時に同額の収益を認識する。その仕訳は「（借方）契約資産 10 万円／（貸方）収益 10 万円」である。次に機械を納入した時点で「未履行の権利 100 万円＞未履行の義務 0 万円」の状態になるため，契約資産の増加額 90 万円を収益として認識する。その仕訳は「（借方）契約資産 90 万円／（貸方）収益 90 万円」である。そして対価を受領した時点で「未履行の権利 0 万円＝未履行の義務 0 万円」となり，契約資産が消滅するため，「（借方）現金 100 万円／（貸方）契約資産 100 万円」の仕訳を行う。

8　未履行の義務の現在出口価格の上昇による契約資産の減少や契約負債の増加は収益の定義を満たさないため，これを「契約損失」として認識すると，収益額（＝消滅した未履行の義務の現在出口価格）が収入額を上回ることになる。

9 IASB, Discussion Paper, *Preliminary Views on Revenue Recognition in Contracts with Customers*, 2008.（企業会計基準委員会訳，ディスカッション・ペーパー『顧客との契約における収益認識についての予備的見解』，2008 年。）

10 当初取引価格アプローチでは顧客対価が未履行の義務に配分されるため，契約時の未履行の権利と義務が一致し，契約資産も契約負債も生じない。したがって収益が認識されない。

11 資産負債中心観による収益認識の構造とこの共同プロジェクトの経緯については，第5章を参照されたい。

12 徳賀芳弘「会計利益モデルと純資産簿価モデル―フロー・ベースからストック・ベースへのパラダイム転換―」『企業会計』第 63 巻第 1 号，2011 年，93-102 頁，徳賀芳弘「会計基準における混合会計モデルの検討」『金融研究』第 31 巻第 3 号，2012 年，141-203 頁。

13 その典型が，実現主義，費用配分の原則，収益費用対応の原則等によって構成される収益費用中心観の会計モデルであり，その具体的なイメージは，ペイトン・リトルトンの『会社会計基準序説』(Paton, W. A. and A. C. Littleton, *An Introduction to Corporate Accounting Standards*, 1940, AAA, 中島省吾訳『会社会計基準序説〔改訳版〕』森山書店，1958 年）や，わが国の企業会計原則に見出すことができる。

14 IASB の「当期純利益」の表示を禁止する試み（2006 年）も傍証の 1 つといえよう。

15 株式時価総額と純資産の差額を主観のれんとして貸借対照表に計上することは可能である。しかし株式時価総額の適正性を判断するための基準となるべき純資産額の計算に株式時価総額を用いることは自家撞着であり，財務諸表開示制度の意義を自己否定することになる。この点については，斎藤静樹『会計基準の研究〈増補改訂版〉』中央経済社，2013 年，113-117 頁を参照されたい。

16 IAS38 号自体がパラグラフ 48 で自己創設のれんの計上を明確に禁止している。

17 このような残余利益モデルによるのではなく，稼得利益から企業価値を測定することももちろん可能である。

18 混合会計の計算構造については，下記の文献で詳しい分析が行われている。
　石川純治『変わる会計，変わる日本経済「情報会計」の時代』日本評論社，2010 年。
　石川純治『揺れる現代会計―ハイブリッド構造とその矛盾』日本評論社，2014 年。
　辻山栄子「現代会計のアポリア―対立する 2 つのパラダイム―」『早稲田商学』第434 号，2013 年，477-508 頁。

19 計算式や時間の経過等，市場価格とは異なる指標によって原価配分が行われる。

20 従来の稼得利益と，混合会計の市場連動型稼得利益の間で将来キャッシュフロー等の予測能力に差異があるのかないのか，この点も論点になりうる。

21 現状では事業用資産が原価や使用価値に基づいて測定されるため，純資産額は清算企業価値の近似値になる。なお，IAS16 号『有形固定資産』は事業用資産についても公

正価値（売却価値）による測定を認めている（IASB, IAS16, *Property, Plant and Equipment*, 2020, paras. 31-42）。

22　金融機関が詳細な資料の提出を求めることができるのは通常相対取引先である。混合会計では，その前に全上場会社が金融機関の潜在的な顧客として基本情報を提供することになる。

23　継続企業価値表示モデルの場合，先の計算式から主観のれんを除いて計算される純資産額が清算企業価値を表すことになるが，継続企業価値表示モデルが実現していない現状において，混合会計がこれに代替しているといえる。

24　IASB, *The Conceptual Framework for Financial Reporting*, 2010, para OA2, IFRS 財団編，企業会計基準委員会・財務会計基準機構監訳，前掲書，A23 頁。

25　*Ibid.*, para. OA7, 同書，A23-A24 頁。

26　ただし，IAS37 号の場合は当初から負債が全額認識されるのに対して，稼得利益表示モデルでは毎期の引当金繰入額の累計額として負債が示される。また長期性の引当金の場合，IAS37 号では貨幣の時間価値が考慮される。

27　IASB, IAS38, *Intangible Assets*, 2014, paras. 51-64, IFRS 財団編，企業会計基準委員会・財務会計基準機構監訳，前掲書，A1118-A1120 頁。

# 索　　引

## あ行

IAS37 号……　22, 81, 92, 150, 161, 177, 178, 185
IAS37 号の引当金…………………………92
IAS38 号………………………… 177, 179, 185
IASB …………………………………… 109
IASC ………………………………………22
IFRS ………………………………… 177
IFRS15 号 ………… 109, 134, 150, 177, 185
アシュアランス型……………………… 145
後払賃金…………………………………50
アフター・コスト……………………… 152
有高変動記録法………………………… 5

意思決定有用性………………………… 117
一計算書アプローチ…………………… 171
一般目的財務報告の目的……………… 184
一方的な価値の喪失…………………… 154
井上良二………………………………………33
岩田巌………………………………… 11, 30

内川菊義………… 46, 50, 54, 56, 60, 61, 63

EFRAG ………………………………… 128
FASB ……………………………………… 1, 109
SFAS 5 号 ……………………………… 110
SFAS 6 号 ……………………………… 110
SFAS 基準書 87 号 …………… 162, 168

SFAS 基準書 130 号………………… 171
SFAS 基準書 143 号………………… 161
営業循環過程………………………… 111

## か行

会計利益モデル……………………… 180
『会社会計基準序説』……………………26
回収不能見積額……………………… 81, 85
改訂公開草案………………… 134, 150
外部失敗コスト……………………… 154
価格変動……………………………… 163
過去支出の後配賦…………………… 163
貸倒損失……………………………………86
貸倒引当金…………………………………86
貸倒見積額…………………………………81
価値生産活動……………………… 152, 154
価値喪失活動……………………… 154
稼得過程……………………………… 111
稼得利益…………………………… 20, 162
稼得利益情報……………………… 168, 186
稼得利益の予測能力……………… 185
稼得利益表示モデル………… 180, 183
株主持分変動表…………………… 172
貨幣性資産…………………………………33
貨幣動態………………………… 11, 30, 66
貨幣の時間価値…………………… 166
監査委員会報告第 61 号 ……………88

企業会計原則……………………… 177

企業会計原則注解注 18… 32, 45, 66, 151, 152
企業外部者による企業価値の測定…… 180
企業価値…………………………………… 179
企業価値表示モデル……………………… 180
企業の清算………………………………… 133
基礎概念の整合性………………………… 168
期末要支給額………………………………49
期末要支給額計上方式…………… 52, 68
逆仕訳………………………………………99
脚注………………………………………… 168
求償権…………………………… 81, 83, 95
求償権取得益………………………………95
給付…………………………………………11
給付費消計算…………… 11, 20, 24, 30
共同プロジェクト…………… 109, 116, 117
金額確定費用………………………………47
金額未確定費用……………………………47

空間的差異…………………………………19
偶発債務………………………… 83, 93, 96
口別損益計算………………………………29
クリーンサープラス関係………………… 171
繰延資産……………………………………55
繰延収益………………… 110, 114, 121
繰延収益・引当金…………………………10
繰延費用……………………………………10

経営者による自己採点…………………… 181
経済価値の費消……………………………64
経済的便益…………………………………93
計算擬制項目………………………………13
計算上の利子…………………………… 161
形式的混合……………………………… 182
継続アプローチ………………………… 129
継続企業価値…………………………… 180
継続企業価値表示モデル……………… 183

契約価格………………………………… 152
契約コスト……………………………… 135
契約資産…………… 120, 121, 147, 178
契約上の履行義務……………………… 124
契約損失………………………………… 123
契約負債…………… 120, 121, 147, 178
契約利益………………………………… 123
欠陥製品………………………………… 148
決定的事象……………………………… 129
決定的事象アプローチ………………… 129
原因発生主義…………………… 24, 153
原価実現会計…………………………… 161
原価主義………………………………… 161
減価償却………………………………… 163
減価償却費……………………………… 163
減価償却引当金…………………………45
減価償却累計額…………………………45
現在出口価格… 120, 121, 147, 178, 179, 183
現在出口価格アプローチ………… 121, 148

公開草案………………………… 134, 145, 148
広義履行説……………………………… 117
公正価値………………… 109, 146, 164, 178
公正価値アプローチ…………………… 132
公正価値会計…………………………… 161
公正価値情報…………………… 168, 186
公正価値の変動………………………… 163
公正価値表示…………………………… 161
顧客対価………………………… 120, 124
顧客対価モデル………………………… 132
顧客との契約…………………… 119, 147
5 段階の手続…………………………… 134
固定資産除去債務……………………… 161
固定資産の除去………………………… 161
混合会計………………… 177, 183, 186
混合会計モデル………………… 181, 184

混合モデル……………………………… 180

## さ行

サービス型……………………………… 145
財貨動態……………………… 11, 30, 66
財産法…………………………… 3, 5
財政状態…………………………………84
再測定時の割引率……………………… 166
再調達原価……………………………… 164
債務発生事象……………………………92
債務保証…………………………………82
債務保証損失……………………… 82, 86
債務保証損失引当金……… 81, 87, 97
債務保証引当金…………………………81
阪本安一……………… 43, 49, 52, 56, 60, 63
残存価額………………………………… 163
残余利益モデル………………………… 180

時価……………………………………… 163
時間的差異………………………………23
時期又は金額が不確実な負債………… 178
資源の移転……………………………… 186
資産の増加……………………………… 130
資産負債アプローチ…………………… 115
資産負債中心観………… 3, 4, 6, 20, 68, 178
支出原因事実……………………………44
支出費用説………………………………31
市場利子率の変動による債務の増減… 166
市場連動型稼得利益…………………… 182
試送品…………………………………… 150
実現……………………………………… 111
実現稼得過程アプローチ…… 109, 111, 151, 178
実現可能………………………………… 111
実現主義………………………………… 161
実在勘定………………………………… 6

実質的混合……………………………… 182
実地棚卸法……………………………… 3
支払承諾…………………………………96
支払承諾見返……………………………96
資本コストの計算……………………… 181
資本市場………………………………… 179
資本性引当金……………………………62
収益……………………………………70
収益獲得活動…………………………… 152
収益稼得過程…………………………… 111
収益観…………………………………… 117
収益性収入………………………………13
収益認識-欧州の提案 ………………… 128
収益認識プロジェクト………………… 110
収益認識モデル………………… 111, 116
収益の実現……………………………… 151
収益費用計算……………… 11, 20, 30
収益費用対応の原則……… 24, 26, 57, 153
収益費用中心観………………… 3, 6, 20, 68
収益費用比較法………………………… 4
修繕引当金……………………… 32, 52
主観のれん……………………………… 181
主たる債務者……………………………83
取得原価………………… 31, 163, 180
取得原価主義会計……………… 177, 186
純資産額………………………………… 180
純資産価値モデル……………………… 180
純資産直入方式………………………… 172
純資産の差額…………………………… 171
純資産比較法…………………………… 4
償却債権取立益…………………………88
消費過程への製造工程の延長………… 155
消費主義…………………………………23
情報特性………………………………… 177
情報ニーズ……………………………… 162
情報のレリバンス……………………… 168

賞与引当金……………………………32
将来キャッシュフロー………………… 164
将来支給額予測方式……………… 52, 68
将来支出の前配賦……………………… 163
将来発生費用……………… 24, 45, 153
除去支出………………………………… 163

推定的債務……………………………92
ストック…………………………… 6, 8
ストック情報…………………………… 162

清算価値………………………………… 3
清算企業価値……………………… 180, 183
精算表等式……………………………… 4
静態論的財産法………………………… 4
製品製造の最終工程…………………… 155
製品保証………………………………… 145
製品保証活動…………………………… 154
製品保証期間…………………………… 153
製品保証義務……………………… 146, 151
製品保証付き販売……………………… 153
製品保証引当金………………………… 152
制約要因………………………………… 185
積送品…………………………………… 150
設備費用………………………………… 164
設備費用調整勘定……………………… 171
潜在的な求償権…………………………83
潜在的な欠陥…………………………… 148
全面公正価値会計………… 177, 181, 186

測定属性…………………………… 136, 183
測定モデル……………………………… 132
損益法…………………………………… 3, 5

### た行

対応型会計………………………………29

対照勘定…………………………………96
退職給付…………………………………31
退職給与引当金…………………………32
退職金費用………………………… 52, 65
耐用年数………………………………… 163
棚卸資産………………………………… 149
弾力性…………………………………… 112
弾力的…………………………………… 132

超過収益力の資本還元価値…………… 181
超過収益力要因………………………… 179
超過利益を含んだ稼得利益…………… 181
調整勘定方式…………………………… 171

DRSC…………………………………… 128
定額法…………………………………… 163
適用指針………………………………… 145

討議資料………………… 1, 147, 179
当初取引価額…………………………… 180
当初取引価格アプローチ ………124, 148, 179
特別修繕引当金………………… 32, 52
独立した販売価格……………………… 148
富の識別………………………………… 113
取替原価…………………………………31
取引価格………………………………… 148
トレードオフ…………………………… 168

### な行

内部失敗コスト………………………… 154

二計算書アプローチ…………………… 171

ネット・ポジション…………………… 120
年金関連負債…………………………… 162
念書………………………………………97

## は行

配当割引モデル……………………… 180
ハイブリッド型…………………… 177
配分モデル…………………………… 132
発生型会計………………………………29
発生主義………………… 22, 65, 153
発生主義会計…………………………65
発生の概念……………………………64
番場嘉一郎………… 46, 50, 53, 56, 60, 63
半発生主義……………………………64

PAF アプローチ ………………… 154
引当金……………… 24, 71, 92, 145, 150
引当金会計……………………………43
引当金方式……………… 146, 151, 162
費消…………………………………11
費消費用説………………… 32, 34
費用…………………………………70
費用原因…………………………… 153
費用原因発生主義…………………24
費用性支出…………………………13
費用認識基準………………………24
費用認識基準の二重化………… 153
費用配分の原則……………………48
費用発生原因主義…………………58
評価勘定説…………………………55
評価コスト………………………… 154
評価性引当金………………………44
非連携……………… 1, 68, 186
非連携モデル…………… 169, 170
品質コスト概念………… 146, 154
品質コスト最小化……………… 155

付加価値説………………………… 117
複式簿記…………………………… 6

複式簿記の計算構造……………… 4
複式簿記の制約………………… 169
負債…………………………………92
負債消滅説……………………… 117
負債性引当金………………………44
２つの混合……………………… 181
不良品…………………………… 149
フロー……………………… 7, 8
フロー情報……………………… 162
フロー・ベースの企業価値測定モデル… 180
分配可能利益の計算…………… 186

平準化されたキャッシュフロー情報… 180
ペイトン・リトルトン……………………26

法的債務……………………………92
法的又は推定的債務…………… 178
補修活動………………………… 153
補修義務………………………… 145
補修業務………………………… 149
保守主義思考………………………58
保証債務……………… 82, 91, 96
保証債務見返……………… 91, 96
保証人…………………………………81
保証予約………………………………97
補填金…………………………………94

## ま行

毎期再測定……………………… 164
前受金…………………… 146, 153, 154
前受金方式……………… 146, 151

未収金…………………………………83
未積立累積給付債務…………… 162
未払金…………………………………88
未払費用…………………………………33

未履行の義務……………… 120, 121, 147, 178
未履行の権利……………… 120, 121, 147, 178

名目勘定……………………………… 6

## や行

予備的見解………………………… 131
予防コスト………………………… 154

## ら行

利益稼得能力……………………… 111
利益管理…………………………… 112
利益の操作性……………………… 115
利益の弾力性……………………… 115
履行義務……………… 117, 145, 147, 154
利子費用…………………………… 166

『利潤計算原理』………………………… 11, 30
流入総額説………………………… 117
良品………………………………… 149
良品の引き渡し…………………… 149

レポート…………………………… 110
連携……………………………… 1, 168
連結環……………………………… 171

労働用役………………………… 31, 51
労務費…………………………… 31, 51

## わ行

割引キャッシュフローモデル………… 180
割引現在価値……………………… 161, 164
割引率……………………………… 161

# 初出論文一覧

　本書のもとになった初出論文は，以下のとおりである。本書に収録するにあたり，加筆・修正を施している。

第1章：「対立的会計観の諸相とその相互関係」『大阪経大論集』第53巻第3号，2002年，103-120頁。

第2章：「対立的会計観における費用認識の論理」『同志社商学』第54巻第1・2・3号，2002年，309-328頁。

第3章：「阪本・番場・内川引当金論争の対立構造」『同志社商学』第46巻第2号，1994年，305-345頁。

第4章：「債務保証損失引当金と債務保証引当金」『同志社商学』第56巻第2・3・4号，2004年，242-261頁。

第5章：「収益認識プロジェクト—理論と慣習の相克」，辻山栄子編著『IFRSの会計思考—過去・現在そして未来への展望』中央経済社，2015年，251-282頁。

第6章：「製品保証取引と収益認識」，辻山栄子編著『財務会計の理論と制度』中央経済社，2018年，231-245頁。

第7章：「二つの会計観とキャッシュフロー—非連携モデルの構造分析—」『會計』第169巻第1号，2006年，48-62頁。

第8章：「IFRSの情報特性と日本の選択」『會計』第187巻第4号，2015年，13-26頁。

## 著 者 略 歴

1953 年 12 月生まれ

### 学歴・職歴

1976 年 3 月 同志社大学商学部卒業

1980 年 3 月 同志社大学大学院商学研究科博士後期課程退学

1980 年 4 月 同志社大学商学部助手、専任講師、助教授を経て

1986 年 4 月 The University of Manchester, Department of Accounting and Finance 客員研究員（1986 年 9 月まで）

1999 年 3 月 The University of Sheffield, Management School 客員研究員（2001 年 8 月まで）

2005 年 4 月 同志社大学商学部教授

2013 年 4 月 早稲田大学商学学術院会計研究科教授

2024 年 3 月 同研究科 定年退職

### 社会的活動

国税庁・税理士試験 試験委員（2006 年〜2008 年）

金融庁・公認会計士試験 試験委員（2009 年〜2013 年）

独立行政法人大学入試センター 委員（2012 年〜現在）

京都府宇治田原町水道事業経営等審議会 会長（2002 年〜現在）

社会経済生産性本部 総合生産性指標開発プロジェクト 座長（2005 年〜2008 年）

大阪商工会議所 ビジネス会計検定試験 委員（2009 年〜現在）

株式会社テクノスジャパン 社外取締役（2016 年〜2019 年）

### 学会活動

財務会計研究学会 理事（2014 年〜2017 年，2020 年〜2023 年）

会計理論学会 理事（2016 年〜2019 年）

日本会計教育学会 会長（2017 年〜2023 年）

### 学会賞

2012 年度国際会計研究学会学会賞（論文部門）（「カスタマー・ロイヤルティ・プログラムと収益認識」により受賞）

2016 年度会計理論学会学会賞（論文部門）（「グローバル・ガバナンス時代における会計情報の特性─計算構造の観点から─」により受賞）

---

かいけいかん　たいりつ　こんごうかいけい
## 会計観の対立と混合会計

---

2024 年 3 月 30 日 初版第 1 刷発行

著 者 ©松本敏史

発行者 菅田直文

発行所 有限会社 森山書店 東京都千代田区神田司町 2-17 上田司町ビル（〒101-0048）

TEL 03-3293-7061 FAX 03-3293-7063 振替口座 00180-9-32919

---

落丁・乱丁本はお取りかえ致します 印刷／製本・シナノ書籍印刷

ISBN 978-4-8394-2200-4